《黄運河口古今圖説》圖注

〔清〕麟慶 撰

王耀 编著

國家古籍整理出版專項經費資助項目

中国社会科学出版社

圖書在版編目（CIP）數據

《黄運河口古今圖説》圖注／（清）麟慶撰；王耀編著．—北京：中國社會科學出版社，2018.4

ISBN 978-7-5203-1977-5

Ⅰ.①黄…　Ⅱ.①麟…②王…　Ⅲ.①黄河—河口—史料—圖集②大運河—河口—史料—圖集　Ⅳ.①K928.42-64

中國版本圖書館 CIP 數據核字（2018）第 015561 號

出 版 人　趙劍英
責任編輯　劉　芳
責任校對　朱玉丹
責任印製　李寡寡

出　　版　中国社会科学出版社
社　　址　北京鼓樓西大街甲 158 號
郵　　編　100720
網　　址　http://www.csspw.cn
發 行 部　010-84083685
門 市 部　010-84029450
經　　銷　新華書店及其他書店

印　　刷　北京君昇印刷有限公司
裝　　訂　廊坊市廣陽區廣增裝訂廠
版　　次　2018 年 4 月第 1 版
印　　次　2018 年 4 月第 1 次印刷

開　　本　880×1230　1/32
印　　張　4.5
字　　數　108 千字
定　　價　56.00 圓

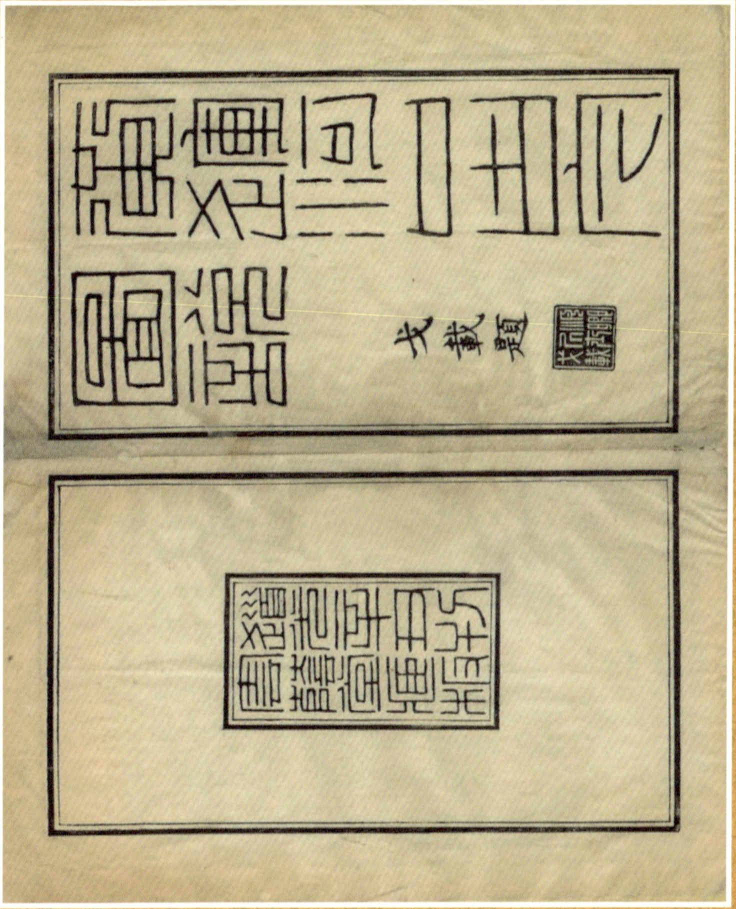

《黃運河口古今圖說》雲蔭堂刻本書影

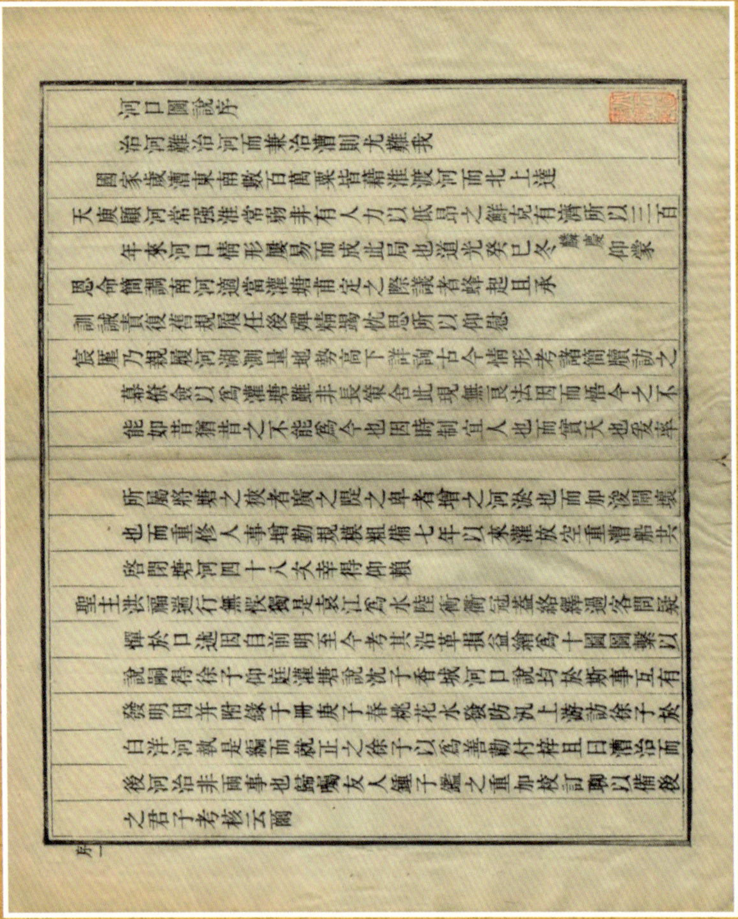

河口圖說序

治河難治河而兼治漕則尤難我
國家歲漕東南數百萬粟皆藉淮濟河而北上達
天庾顧河常强淮常弱非有人力以低昂之鮮克有濟所以二百
年來河口情形屢易而成此局也道光癸巳冬麟慶仰蒙
恩命簡調南河適當灌塘甫定之際議者蜂起且承
訓誡責復舊規履任後殫精竭慮思所以仰慰
宸廑乃親履河湖測量地勢高下詳詢古今情形考諸簡牘訪之
幕僚僉以爲灌塘雖非長策舍此現無良法因而悟今之不
能如昔猶昔之不能爲今也因時制宜人也而實天也爰革
所屬將塘之掀者廣之隄之卑者增之河淤也而抑浚間歲
也而重修人事增勤規模粗備七年以來灌放空重漕船共
啓閉塘河四十八次幸得仰賴
聖主洪福遄行無悮獨是袁江爲水陸衝衢冠蓋絡繹過客問策
惟於口法因自前明至今考其沿革損益繪爲十圖圖繫以
說嗣得徐子仰庭灌塘說沈子香城河口說均於斯事互有
發明因并附錄于冊庚子春桃花水發防汛上游訪徐子於
白洋河執是編而就正之徐子以爲善勸付梓且日漕治而
後河治非兩事也臨觸友人鍾子鑑之重加校訂聊以備後
之君子考核云爾

序一

《黄運河口古今圖說》雲蔭堂刻本書影

目　　录

图　　录

前　言

明嘉靖年間，黄河奪泗入淮，黄河、運河遂交滙於淮安清口一隅。黄河善徙、善決、多沙且勢強，運河多為人工河渠，水勢孱弱，因之，黄河水常衝入運道、阻滯漕運。清口為黄河、運河、淮河、洪澤湖交滙之區，治理難度之大、工費之巨、工程之複雜，幾可視為清代河漕治理之冠。從江南河道總督設置於此以及康熙帝、乾隆帝南巡親履其地，可見一斑。如史籍記載："由是治河、導淮、濟運三策，群萃於淮安清口一隅。施工之勤，糜帑之巨，人民田廬之頻歲受災，未有甚於此者。"①

道光年間，麟慶任江南河道總督，親歷其事近十載，深諳河渠治理、河工器具之事，撰著《河工器具圖說》《黄運河口古今圖說》等。《黄運河口古今圖說》一卷，繪有十圖，并附圖說，自"前明嘉靖年間河口圖"至"道光十八年河口圖"，展示清口地區之水利變遷。該書是研究清代黄、運交滙地帶河渠治理、河湖變遷的重要參閱史籍。

---

① 《清史稿》卷127《河渠二·運河》，中華書局1976年版，第3770頁。

一 麟慶與《黃運河口古今圖說》

麟慶（1791—1846），字伯餘、振祥等，號見亭，完顔氏，滿洲鑲黄旗人，金朝第五代皇帝金世宗的第二十四代後裔，被譽為“金源世胄，鐵券家聲”。乾隆五十六年（1791）生於河南南陽府，嘉慶十四年（1809），年僅19歲中進士，為同榜二百四十一人中最年少者，授内閣中書，升兵部主事。道光三年（1823）出任安徽徽州知府，後升河南按察使、貴州布政使、湖北巡撫。十三年（1833）署江南河道總督，後實授。麟慶任内，屢受褒獎。十九年（1839）兼署兩江總督管兩淮鹽政。中英鴉片戰爭期間，麟慶受命督守長江北岸。二十二年（1842），因南河在桃北、崔鎮決口，麟慶失察，革職回京。次年，赴河南中牟，協助修復河堤。工程告竣，授四品京官，又選充庫倫辦事大臣，因腿疾未能成行。二十六年（1846），卒于京師。[①]

道光十三年，麟慶履任後，“乃親履河湖，測量地勢高下，詳詢古今情形”，同時，“考諸簡牘，訪之幕僚”[②]。所謂“考諸簡牘”，明確見於書中者有《清河縣志》《讀史方輿紀要》《河防志》《治河全書》《禹貢》。而據《鴻雪因緣圖記》記載，麟慶平日寓目之河書不限於此，“始讀河書，見賈讓《三策》、歐陽元至正《河防記》、潘季馴《河防一覽》、靳文襄公《治河方略》、張文瑞公奏議、張清恪公《居濟一得》、徐心如

① 參見劉小萌《麟慶與〈鴻雪因緣圖記〉》，載（清）麟慶撰，汪春泉繪《鴻雪因緣圖記》，中國國家圖書館藏道光丁未刻本，國家圖書館出版社2011年影印本，第1、3頁。另參見崔建利、王云《江南河道總督麟慶考論》，《淮陰工學院學報》2010年第4期，第15—16頁。

② （清）麟慶：《黃運河口古今圖說》，“河口圖說序”，中國國家圖書館藏道光二十一年雲蔭堂刻本。

《安瀾紀要》”，此外還有“胡渭《禹貢錐指》、傅澤洪《行水金鑑》、齊召南《水道提綱》等書”①。

所謂“訪之幕僚”，書中確切提到徐仰庭，將其所撰《灌塘說》附錄于書後，且在成書後，“訪徐子於白洋河，執是編而就正之。徐子以為善，勸付梓”②。白洋河當在宿遷，③ 徐氏居地近運道，熟悉河務，從《灌塘說》亦可知其了解清口地區河渠變遷，且對道光朝創行灌塘濟運之法，頗為推崇。麟慶納其說於書後，且以河督之尊“訪”之、執書“就正之”，亦可見徐氏為河渠水利之有識之士。書後亦附錄有沈香城《河口說》，關於沈氏事跡，書中未示其詳。

麟慶撰著該書的緣起，據《河口圖說序》載，“獨是袁江為水陸衝衢，冠蓋絡繹，過客問疑，憚於口述。因自前明至今，考其沿革損益，繪為十圖，圖繫以說”④，至道光二十年（1840）撰成《黃運河口古今圖說》一卷。該書自明嘉靖年間至清道光年間，繪有十圖，後附圖說。各圖繪製及表現年代皆有用意，概言之：

《前明嘉靖年河口圖》為唯一一幅明代河口圖，因嘉靖之前，黃河大流南徙，常奪大清河故道入海，或入賈魯河，均距清口較遠。自嘉靖初年始，黃河常入泗水，遂至清河縣前與淮河交滙。黃河淤湖淤運，清口地區始成明清河渠治理之重點。

《康熙十一年河口圖》與該年黃河在新莊口決口有關。《康熙十五年後河口圖》，以康熙十五年為起點，皆因該年黃河決

---

① （清）麟慶撰，汪春泉繪：《鴻雪因緣圖記》，“謙豫編圖”，第447頁。

② （清）麟慶：《黃運河口古今圖說》，“河口圖說序”。

③ （清）麟慶：《黃運河口古今圖說》之“康熙十五年後河口圖說”有“河決宿遷之白洋河”，而麟慶“訪徐子於白洋河”，由此推知徐仰庭當居於宿遷一帶。

④ （清）麟慶：《黃運河口古今圖說》，“河口圖說序”。

溢氾濫嚴重，任命靳輔治河，君臣勵精圖治，築清口以下黃河大堤；開清口引河以引清敵黃，避免黃河倒灌；修築閘壩、月河及整治漕運設施等。《康熙三十四年後河口圖》與該年建永濟閘有關，亦與該年創築黃河入河口之攔黃壩導致入海口壅高不暢有關。

《乾隆三十年前河口圖》，該圖繪製自康熙四十九年始，繪及雍正年間建築，詳繪乾隆中期之前的工程設置，尤其是乾隆年間運口內“關鎖”設置，修築正河、越河、草壩等層層控制運道水量，保護運道沿線的民田；同時興建臨湖堤壩、黃河木龍、堤堰等，運河經營、設置日趨完備。《乾隆四十一年河口圖》的繪製與該年新開陶莊引河有關，該引河工竣後，黃河北徙，距離清口愈遠。《乾隆五十年河口圖》詳繪乾隆五十年黃河倒灌入運口，“清口竟為黃流所奪”前後的狀況，之前築束水堤、兜水壩等；之後拆築束清壩、禦黃壩等。這一時期的治理使得黃河南岸灘地漸長，黃河距離清口愈遠。

自乾隆五十年後，“河口情形無所更易”，惟年月日積，黃河河底愈高，則潰決情勢頻發，至嘉慶十三年，“湖河並漲”，築臨湖堤堰。《道光七年河口圖說》載，“嘉慶十三年並漲後，河口漫溢，閘壩淤塞，情形又一變”，故而繪製《嘉慶十三年河口圖》。《道光七年河口圖》的繪製與該年創製灌塘之法行運有關。《道光十八年河口圖》似乎與重大河渠治理無關，自道光七年創行灌塘之法後，因襲沿用，“空運往還十有餘載，官丁嫻習”[①]。麟慶為該書作序於“道光二十年歲在庚子九月霜清節前三日”，之前“庚子春桃花水發”時，麟慶曾執書就教於徐仰庭，可見該書成書至遲當在道光二十年春。基於此考

① （清）麟慶：《黃運河口古今圖說》，“道光十八年河口圖說”。

慮，繪製《道光十八年河口圖》，當是麟慶基於最新資料展現最新治河成績。

二　大運河輿圖

中國古地圖歷史悠久、類型豐富，運河圖等河渠水利圖是其中一大宗。不同於傳統文獻記載，古代運河圖是通過圖像來形象直觀地表現歷史時期的水利興修與沿河自然狀況等，據其可以印證文獻記載、補充文獻記載之缺、糾正文獻記載之謬。在研究清代京杭大運河治理等領域，運河圖是不可多得的圖像史料，具有極高的學術價值。

具體到清代黄河、運河交滙的清口地區，因為黄河決口頻繁、運河河渠施工密集、洪澤湖漲落不定等綜合因素，清口地區的河湖、河渠、閘壩等變遷極為複雜，前後間隔十數年或數十年，即常有滄海桑田之巨變。這也是麟慶編繪《黄運河口古今圖説》的重要原因，其中繪圖十幅，便於觀覽前後變遷。明清兩代的運河圖中，清口地區一直是繪製重點，此外另有專題圖呈現清口地區木龍、引河的設置、開鑿等。這些運河圖繪製精美、註記詳實，但是目前分散于海内外各大藏圖機構，如能系統全面地整理、研究後，按照年代先後分别置於《黄運河口古今圖説》中，則將會是一本更為厚重的全新圖説，便於更細緻、更直觀地把握清口地區河渠變遷的歷史。

當前我們熟悉的南北縱向格局的京杭大運河，肇始於元代，明代繼續修築、完善，至清康乾時期各項治理漸臻完備，清中後期漸廢弛。就目前大運河圖的留存而言，尚未發現元代繪製的單幅彩繪運河圖存世。明代運河圖則多附載於志書或類書中，屬性上類於志書地圖，線條較為簡單。潘季馴《河防一覽圖》是難得一見的河渠水利圖，雖以黄河治理為主，但清口地區繪製精細。清代留存的相關彩繪運河圖數量较多、種類丰富，學術價值極大。目前主要保存在中國第一歷史檔案館、中國國家圖書館、台北“故宮博物院”、中國科學院圖書館、美國國會圖書館、大英圖書館藏海內外藏圖機構。[①]

當然，除了主要依據運河圖外，同時期的黃河圖、淮陽地區區域圖等古地圖中，亦有詳細繪製清口地區的圖幅，這些也在本書的整理範圍之內。

三 整理說明

本書所據底本為中國國家圖書館藏道光二十一年雲蔭堂刻本《黃運河口古今圖說》，據著錄，在上海、天津、山東、浙江藏有相同刻本。[②] 馬洪良[③]先生在 2015 年曾據道光刻本進行過點校整理。

對於原書文字，本書移錄於此，僅做標點，未有其他更易。書中地圖除總圖序外，為示區別，又分為原圖、新圖分別註記，原圖為原書之圖，新圖為筆者新插入之圖。原圖 10 幅，新圖 35 幅。筆者將地圖鑒定年代後，根據時間先後逐一插入原書中，形成圖層更為豐富的、由 45 幅地圖組成的新圖說。

新圖除配上圖影外，根據原書一圖一說的編訂形式，同樣附上圖說。新圖說大致包括如下一些信息：現藏地、質地、裝訂形式、尺寸等，繪製內容、史料價值、年代判定、圖中文字

① 參見王耀《水道畫卷：清代京杭大運河輿圖研究》，中國社會科學出版社 2016 年版，第 4—5 頁。

② 中國古籍總目編纂委員會編：《中國古籍總目》“史部・地理類”，“山水志之屬・水”，中華書局、上海古籍出版社 2009 年版，第 7 冊，第 3935 頁。

③ 馬洪良點校：《黃運河口古今圖說》，載中國水利史典編委會編《中國水利史典》黃河卷三，中國水利水電出版社 2015 年版，第 317—343 頁。

註記等；有些涉及繪製背景、重點工程的修築及意義、多幅地圖間的比較研究等。

總之，本書是利用新史料、新方法進行古籍整理的新嘗試。在以圖注圖的方法上，具有創新意義；同時在以圖證史的研究中，具有學術價值。本書將為水利史尤其是黃河、運河的歷史研究，提供一本圖文並茂的全新圖說。鑒於本書以圖注圖、以圖證史的特點，故名之《〈黃運河口古今圖說〉圖注》。

王耀

2017 年 5 月 25 日誌于京北回龍觀

河口圖說序

治河難，治河而兼治漕則尤難。我國家歲漕東南數百萬粟，皆藉淮渡河而北，上達天庾。顧河常強淮常弱，非有人力以低昂之，鮮克有濟。所以三百年來河口情形屢易，而成此局也。

道光癸巳冬，麟慶仰蒙恩命，簡調南河，適當灌塘甫定之際，議者蜂起，且承訓誡，責復舊規。履任後殫精竭忱，思所以仰慰宸廑，乃親履河湖，測量地勢高下，詳詢古今情形，考諸簡牘，訪之幕僚，僉以為灌塘雖非長策，舍此現無良法。因而悟今之不能如昔，猶昔之不能為今也。因時制宜，人也，而實天也。爰率所屬，將塘之狹者廣之，隄之卑者增之，河淤也而加浚，閘壞也而重修，人事增勤，規模粗備。七年以來，灌放空重漕船，共啓閉塘河四十八次，幸得仰賴聖主洪福，遄行無誤。

獨是袁江①為水陸衝衢，冠蓋絡繹，過客問疑，憚於口述。

---

① 按：所謂“袁江”，史籍中並不多見。（清）麟慶撰，汪春泉繪《鴻雪因緣圖記》（中國國家圖書館藏道光丁未刻本，國家圖書館出版社 2011 年影印本）中有“袁浦留帆”一節，據載，“清江浦一名袁浦，以三國時袁術駐兵得名”；是節麟慶在一首詩中提及“袁江”，詩曰：“十載袁江久宦遊，慚無政術奠黃流。”（第 586 頁）結合該節記載及麟慶生平，可知書中所記“袁江”，即“袁浦”，也就是為人熟知的“清江浦”。

因自前明至今，考其沿革損益，繪為十圖，圖繫以說。嗣得徐子仰庭《灌塘說》、沈子香城《河口說》，均於斯事互有發明，因并附錄于冊。庚子春桃花水發，防汛上游，訪徐子於白洋河，執是編而就正之。徐子以為善，勸付梓，且曰："漕治而後河治，非兩事也。"歸囑友人鐘子鑑之，重加校訂，聊以備後之君子考核云爾。

道光二十年歲在庚子九月霜清節前三日，長白麟慶自敘於南河節署行所無事①之軒。

---

① 按："行所無事"為乾隆間河臣高晉所題。事見《鴻雪因緣圖記》之"謙豫編圖"："南河節署，廳事五楹，高文端公額曰行所無事"（第446—447頁）。

圖一：明嘉靖《廣輿圖》之《漕運圖》河口圖（新圖一）

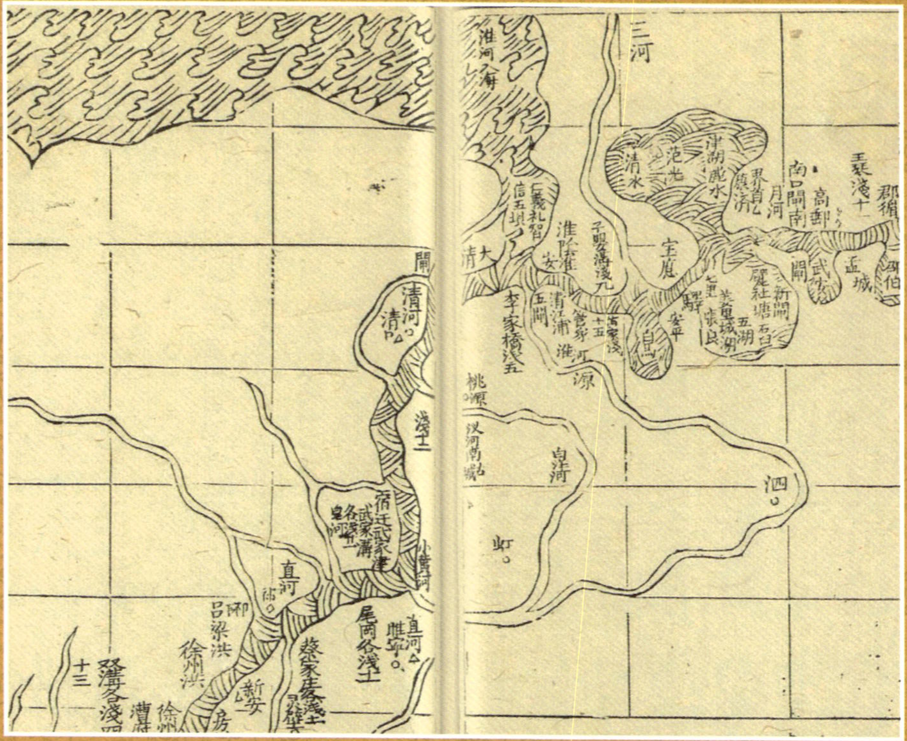

圖影來自於羅洪先編繪《廣輿圖》，中國國家圖書館藏錢岱刊本，索書號：/06375。

明嘉靖《廣輿圖》之《漕運圖》河口圖說

明人羅洪先依據元人朱思本的《輿地圖》，增廣分幅而成著名的《廣輿圖》，在明代嘉靖年間初次刊行。據《廣輿圖序》“水陸縈紆，漕卒歲疲，儲峙孔艱，國用攸賴，作漕河圖三”①，可見《漕運圖》並非轉繪自元代《輿地圖》，而是羅洪先依據計里畫方之法新繪而成。圖一為萬曆七年錢岱刊本《廣輿圖》，因為初刻本極為罕見，圖影難覓，所以暫取萬曆本圖影。同時，萬曆本圖雖然在方格網形狀、地名等個別地方區別于嘉靖初刻本，但是就《漕運圖》而言，應未有變化。② 因此，圖一繪製內容應該延自嘉靖初刻本，表現年代當在嘉靖三十四年（1555）初刻本刊行之前。

圖一中方位以大運河東岸為上方，大致為上南下北。圖一與圖二繪製的河口狀況有所差異，《前明嘉靖年河口圖說》記：

---

① 羅洪先編繪：《廣輿圖》，中國國家圖書館藏錢岱刊本，第 3 頁，索書號：/06375。

② 參見任金城《廣輿圖在中國地圖學史上的貢獻及其影響》，載曹婉如等編《中國古代地圖集》（明代），文物出版社 1994 年版，第 76—77 頁。另見王耀《萬曆本與嘉慶本〈廣輿圖〉辨識補遺》，《文獻》2008 年第 4 期，第 188 頁；王耀《明代京杭大運河地圖探微》，《中華文史論叢》2016 年第 4 期（總第 124 期），第 318—320 頁。

“明永樂以後則為漕運咽喉，清河縣兩治於此，以甘羅城為城，後又移治河北。乾隆二十六年始移清江浦。”質之於圖一，“清河”尚在黃河南岸，而圖二中“清河縣”已移至黃河行經的“小清河”北岸。基於此，推測圖一表現內容當在圖二之前。閱視圖一，可粗知嘉靖前中期的河口狀況。

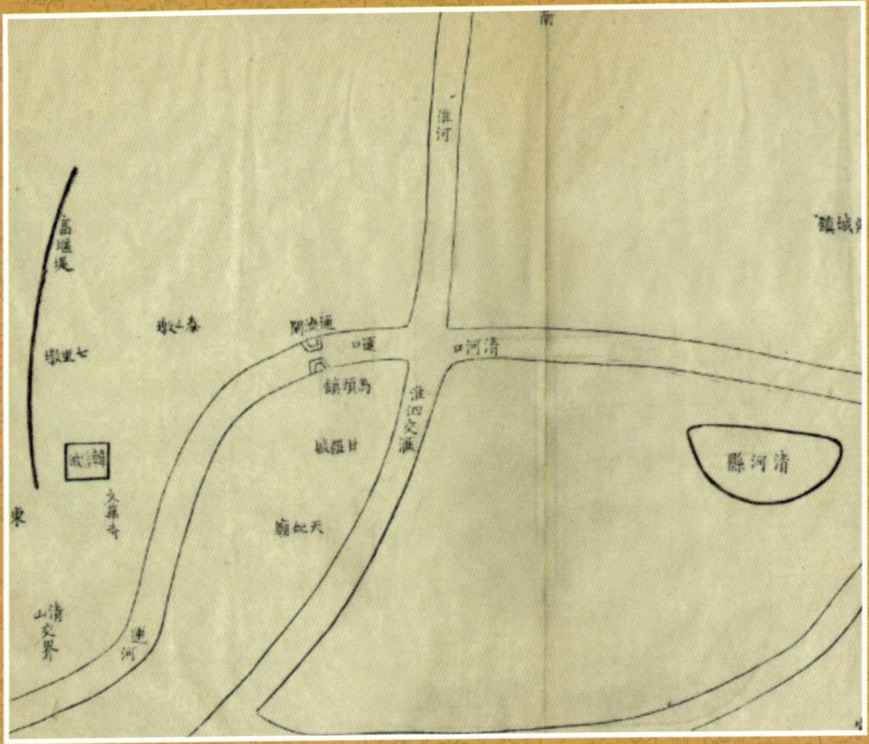

圖二：前明嘉靖年河口圖（原圖一）

前明嘉靖年河口圖説

《清河縣志》載："洪澤湖本古淮浦縣，地連三郡，淮水經其旁。昔為洪澤鎮、洪澤館、洪澤村、洪澤橋，宋並置驛，乃士大夫停驂、商賈輻輳之所也。"東北通富陵湖，即古富陵縣，漢明帝時淪為湖，南通白水塘，有三堰障水護田，堰不治沿及洪澤。按：白水塘在山陽、寶應二縣之西八十五里，即今高堰以東、山寶二縣運河西岸地。《讀史方輿紀要》云："白水塘闊三十里，周二百五十里，北接山陽，南接盱眙，即古之射陂也。鄧艾築三堰溉田，宋元嘉末，決此堰以灌索虜，而水入富陵以達淮。後屢修之，蓋障水西流入洪澤諸湖而害淮也。"自白水塘堰敝，水勢橫流。又宋元迄明，黃潰入淮，淮不能容，於是滙萬家、泥墩、富陵等湖，總為一湖。而明正德以前，猶湖自為湖、淮自為淮也。平江伯陳瑄開清江浦，運河從府西管家湖三十里入七里溝東界，南出三里溝，引湖水入淮，與清河口相直，建四閘於新河：曰移風，在清江浦下十五里，本係板閘，後廢，土人至今呼其地曰板閘。昔屬山陽，今因之。曰清江，在清浦，後改名龍汪，乾隆四年復名清江。昔屬山陽，今屬清河。曰福興，在今千根旗桿之上鳳陽廠，距清江十五里，後廢，土人至今呼其地曰老二閘。昔屬山陽，今屬清河。曰新莊。在今惠濟祠後新莊鎮東，明時以無用廢棄。又於運口建通濟閘，《河防志》云："本名通濟，俗稱天妃。"以資啓閉。考各治河書並志書皆載，明嘉靖中，濁流墊淤天妃閘，總河連鑛塞天妃口，別開三里新河，建通濟閘，改運口於馬頭鎮南。隆慶中，閘底淤墊，總河萬恭復開天妃閘。萬曆六年，總河潘季馴以天妃閘直接黃河，不免內灌，因棄閘為壩，移通濟閘於甘羅城東，相去舊閘不及一里，改運口斜向西南，以避黄趨淮，亦稱天妃，俗稱新莊。靳文襄公治河書言："其口距黄淮交會之處不過二百丈，黄水仍復内灌。爰申啓閉之條，乃不得已之圖，非不易之策也。"蓋當時河口東南泰山墩、七里墩一帶，森然巨浸，舍通濟閘之外，别無彼善於此之地。地形水勢實限之，以不得不然耳。

按：現在徐州以下至河口，黄河經行之途，乃昔泗水入淮故道。《禹貢》所謂："入於淮，達於海者也。"明宏治時，築斷黄陵岡，北流斷絶，河恆南行。維時猶由賈魯河舊迹，循永城、亳州渦河入淮，亦偶決入泗。河由桃源三義鎮入黄家嘴，遶清河縣治後會淮，經山陽、安東下雲梯關入海，即圖内所稱大清河，後人所謂老黄河者是也。黄既不常入泗，縱入亦係賈魯河分流，其入淮之處距清口尚遠，故至嘉靖初年，雖洪澤諸湖已滙為一，而河口未嘗倒灌，淮得暢出，其河口情形猶與明初相同。迨嘉靖初年以後，黄常入泗，三義口淤塞，河流南徙，於清河縣前與淮水交會於小清口。黄強淮弱，横截河口，於是淤湖淤運，百病叢出矣。

又按：河口本名清口，乃古淮泗交會之處。淮水本清，泗猶視淮為清，故有清口之名，縣名清河者亦以此。馬頭鎮，古淮陰縣治所，晉安帝時設楚州，即今淮安府治。始廢縣為鎮。明永樂以後則為漕運咽喉，清河縣兩治於此，以甘羅城為城，後又移治河北。乾隆二十六年始移清江浦，昔為山陽縣地。分山陽縣地，上自新莊鎮東北起，下至清江閘下臧家馬頭迤南止與清河。

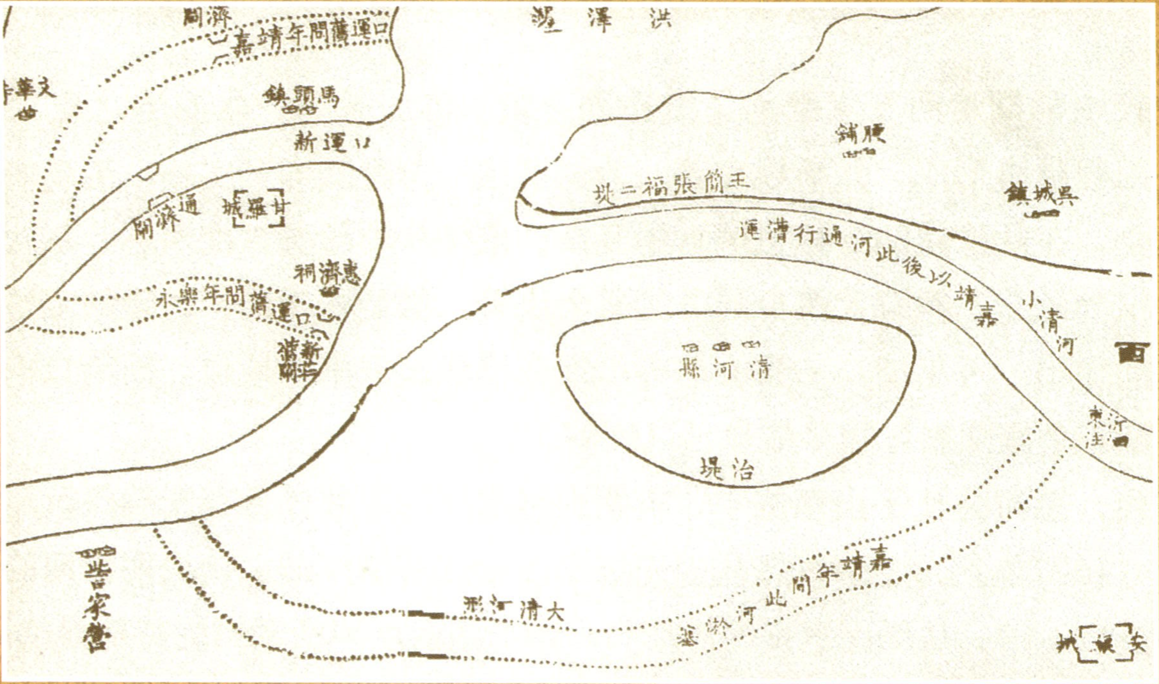

圖三：明萬曆六年河口圖（新圖二）

圖影來自於（清）吳棠修、魯一同纂《清河縣志》首一卷，中國文化遺產研究院藏咸豐四年刻本（同治元年補刻、1919 年再補刻）。轉錄自中國文化遺產研究院大運河淮安段遺產本體調查方法研究課題組《大運河清口樞紐工程遺產調查與研究》，文物出版社 2012 年版，第 195 頁。

明萬曆六年河口圖說

明萬曆六年（1578）河口圖選自清咸豐刻本《清河縣志》，圖中詳細繪製明初至萬曆初年清口地區的河道變遷等狀況，歷史時期的河道使用雙虛線標繪并書以文字，一目了然，所繪內容可與《前明嘉靖年河口圖說》對照，可補圖二之缺。

比對圖二、圖三可見，嘉靖朝至萬曆初年，運口、河道等發生了較大變化。如圖二中“大清河”為黃河故道，嘉靖前中期尚可通行，至萬曆六年時，僅存“大清河形”，并標註“嘉靖年間此河淤塞”（如圖三）。再如圖三“新運口”及“通濟閘”的位置，可與圖三“嘉靖年間舊運口”“通濟舊閘”及圖二“運口”“通濟閘”相比對。“新運口”是萬曆六年潘季馴改移運口與通濟閘而成，該圖的繪製主題正與此有關，故以此年份名之。

圖三中有一段題記，記錄運口狀況，可與圖幅對照，亦與《前明嘉靖年河口圖說》中文字相近，可以參看。茲謄錄於下：

明萬歷六年河口圖　永樂中陳瑄所建新莊閘原在惠濟祠後，至嘉靖三十年濁流淤墊，都御史應檟請閉新莊口，開三里溝至通濟橋，道近費少，尋建通濟閘。隆慶中復開新莊閘，萬歷六年，潘季馴以天妃閘直接黄河，不免内灌，因棄閘為壩，移通濟閘於甘羅城南，去舊閘一里，改運口斜對西南，以避黄趨淮也。

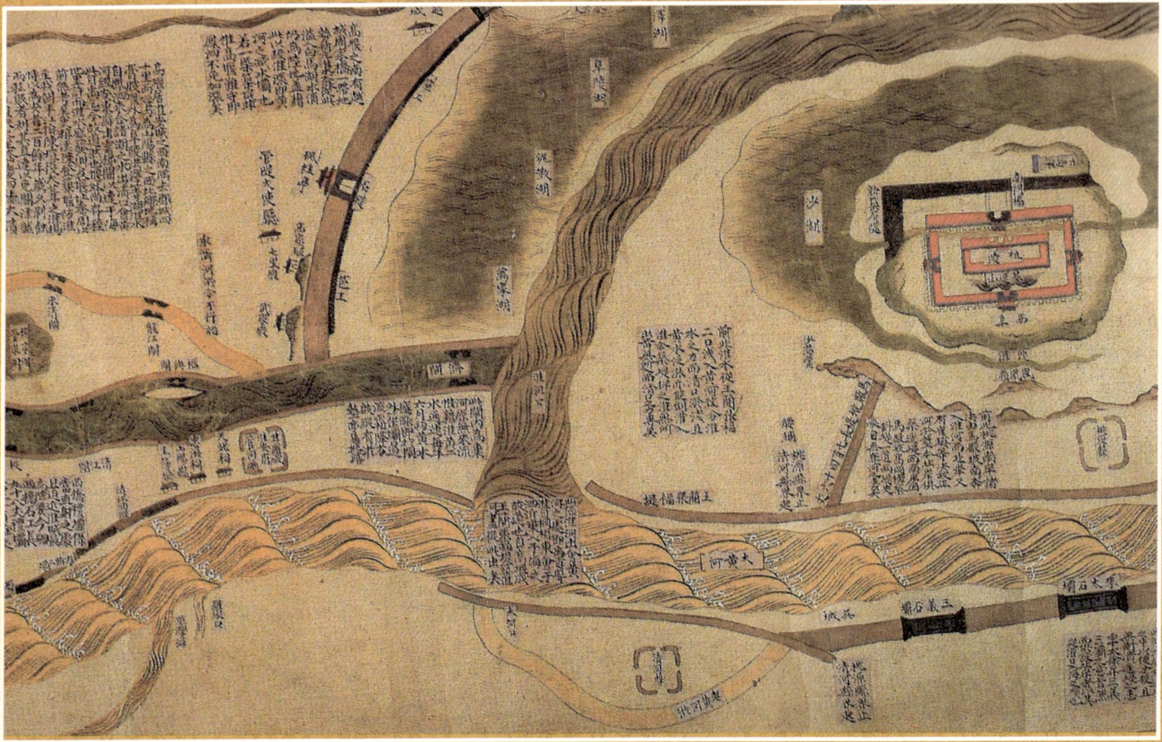

圖影來自於中國歷史博物館藏《河防一覽圖》，轉錄自《中國古代地圖集》（明代），圖 36。

圖四：明萬曆《河防一覽圖》河口圖（新圖三）

明萬曆《河防一覽圖》河口圖說

《河防一覽圖》為明代治河名臣潘季馴及其臣僚繪製的地圖。潘季馴“在嘉靖、萬歷間，凡四奉治河之命，在事二十七年，著有成績”。其著述《河防一覽》、治河思想與成績常為後世所稱頌，清人認為潘氏所倡“蓄清敵黃”之策，“古人已露其意，特從未有見諸行事者。季馴乃斟酌相度，神而明之，永為河渠利賴之策。後來雖時有變通，而言治河者，終以是書為準的”。閻若璩在《潛邱札記》中載“考萬歷六年，潘司空季馴河工告成，其功近比陳瑄、遠比賈魯，無可移易矣”，并言“大抵潘司空之成規具在，縱有天災，縱有小通變，治法不出其範圍之外”①。可見，潘氏《河防一覽》與其思想、成績為水利史上之重要篇章。

中國歷史博物館藏《河防一覽圖》為絹本彩繪，繪製精美，用色艷麗，注記詳細，如圖四所示，黃河、淮河、運河、湖泊等水波紋各異，或急或緩，靈動寫實，極具表現力。就繪製內容而言，黃色的黃河與綠色的運河平行並排繪製在畫面中，圖幅起自黃河源，黃河流至與延安河交滙處，運河始繪

① （清）永瑢等撰:《四庫全書總目提要》卷 69“史部·地理類二”，中華書局 2013 年版，第 612 頁。

入；運河流至寶應縣時，黃河已入海，此後便只繪運河。據研究，該圖繪製於萬曆十八年（1590）九月，圖幅主要反映了萬曆十六年（1588）至萬曆十九年（1591）三年間河南、山東、南直隸所修築堤防情況，對歷年河患、地勢、險情及河防等均有詳細說明。①

潘季馴曾四任河道總督，親歷其事、治績卓著，故而其繪製之《河防一覽圖》清口地區，當更具史料價值，是研究明代清口地區河渠變遷的第一手圖像史料。圖二《前明嘉靖年河口圖》、圖三《明萬歷六年河口圖》均為清人繪製，雖可能參閱《河防一覽》，但有所取捨，故而借助圖二、圖三僅能了解大概，未必完全可以憑據。諸如“洪澤湖”的範圍及稱謂問題，圖三標注為“洪澤湖”，且《前明嘉靖年河口圖說》記作：“又宋元迄明，黃潰入淮，淮不能容，於是滙萬家、泥墩、富陵等湖，總為一湖。”從這兩幅清代繪製清口圖及圖說可見，在清人的地理觀念中，諸湖在明代已經滙為一湖而總稱之“洪澤湖”，實際上至少在萬曆年間的明人地理觀念中，尚未以“洪澤湖”統稱之而是分別稱呼各湖，有圖四“萬家湖”“泥墩湖”“阜陵湖”“洪澤湖”標註為證。

圖一雖同成圖於明代，但是羅洪先繪製輿圖，主要據元代《輿地圖》改繪，新繪《漕運圖》也主要憑借資料文獻記載，羅氏并未親履河工且乏實地踏查，故而其繪圖雖早，但圖像史料價值稍差。在明人觀念中的“洪澤湖”範圍及稱謂問題上，圖一中未繪，但也未提出反證。另據兩幅成圖於萬曆年間的古地圖標繪，也可證明萬曆年間尚未如清人以“洪澤湖”統稱這

① 參見曹婉如等編《中國古代地圖集》（明代），圖版說明，第3頁。另見周錚《潘季馴河防一覽圖考》，《中國古代地圖集》（明代），第96—100頁。

一大片水域。一幅為明代彩繪《淮安府圖》,[1] 該圖選自現藏於中國國家圖書館的《淮安府圖說》一書，繪製於萬曆十一年（1583）或稍后,[2] 圖幅中靠近“天妃壩”標註有“萬家湖”“阜陵湖”。另一幅為明代彩繪《淮安府》,[3] 選自鎮江博物館藏《兩淮地區府縣圖冊》，推測繪製於明萬曆年間,[4] 圖幅標註與《淮安府圖》一致。

又圖四中繪製工整、線條清晰的“祖陵”，在其他幾幅地圖中並未出現，而在該圖中顯著標註。朱元璋祖父遷居泗州，後其父葬於此地。建政後，朱元璋上尊號並建祖陵。然而泗州地勢低窪，毗鄰洪澤湖、淮河交滙之處，常罹水患。因之，有明一代，治河須保漕運、保祖陵並籌之。正如史書記載：“明代仰東南轉漕，以實京師。又泗州祖陵，逼近淮泗，故治水者必合漕運與陵寢而兼籌之。”[5]

① 圖影見《中國古代地圖集》（明代），圖 25。

② 參見《中國古代地圖集》（明代），圖版說明，第 2 頁。

③ 圖影見《中國古代地圖集》（明代），圖 68。

④ 參見《中國古代地圖集》（明代），圖版說明，第 5 頁。

⑤ （清）永瑢等撰：《四庫全書總目提要》卷 69“史部 · 地理類二”，第 612 頁。

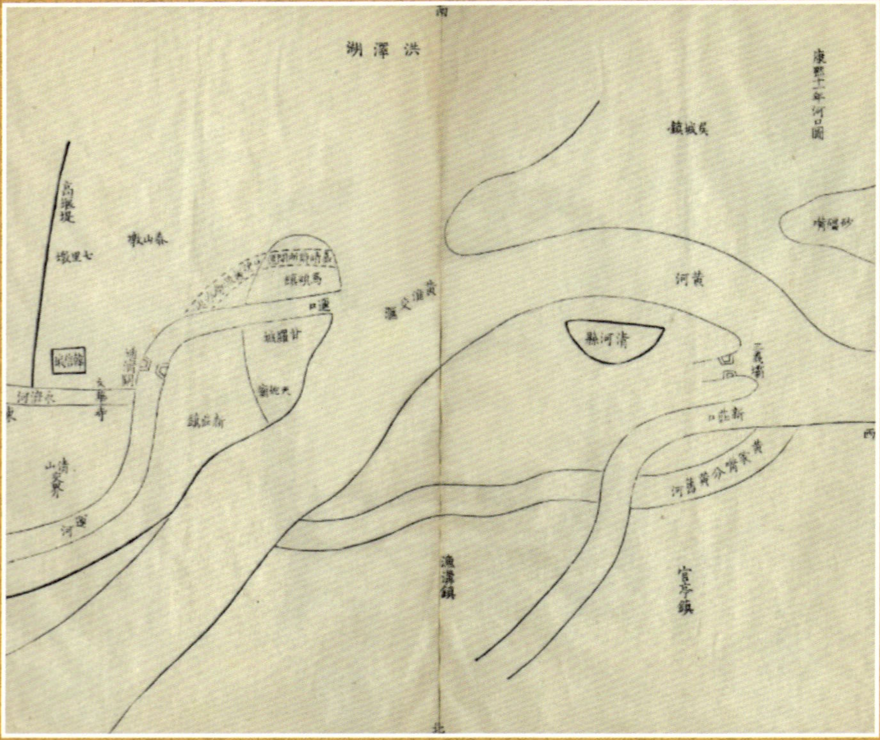

圖五：康熙十二年河口圖（原圖二）

康熙十一年河口圖說

前明隆慶萬歷間，黄日南徙，上下數千里告決頻仍。淮為黄遏，河口日淤，於是淮湖相連，滙成巨浸，咸名之曰洪澤湖。較之駱馬、射陽不啻十倍。

國初承明季敝壞之後，河口民田皆成澤國，其三義壩以上黄流分岔由新莊口下行之處，乃康熙十一年決口，由官亭、漁溝兩鎮之中下達安東，漫流循南北潮河入海，而安東境内之湖蕩，亦復滄桑異迹矣。

按：黄河會淮入海，黄趨而下，潮擁而上，海口兩岸積沙成灘，數百年來所長之灘長數百里。近海得水之區，多生蘆葦，蕩灘遼闊，守望無助。是以康熙三十八年總河于襄勤公以河工正料須備，海疆防守當嚴，題建葦蕩左右兩營，左營居海州灌口之西，右營居黄河尾閭之南，樵兵之外復設馬兵，防河禦侮，意甚深遠。逮五十八年總河趙公世顯以蕩地產柴不旺，請裁令兵墾地輸租，遂漸為民間侵佔。雍正四年總河齊慤勤公議請復設，開除輸租，海口迤東新長灘地，不令民人影射報升，其利甚溥，洵可永遠弗替。因述黄河下游而並記葦營原委於此。

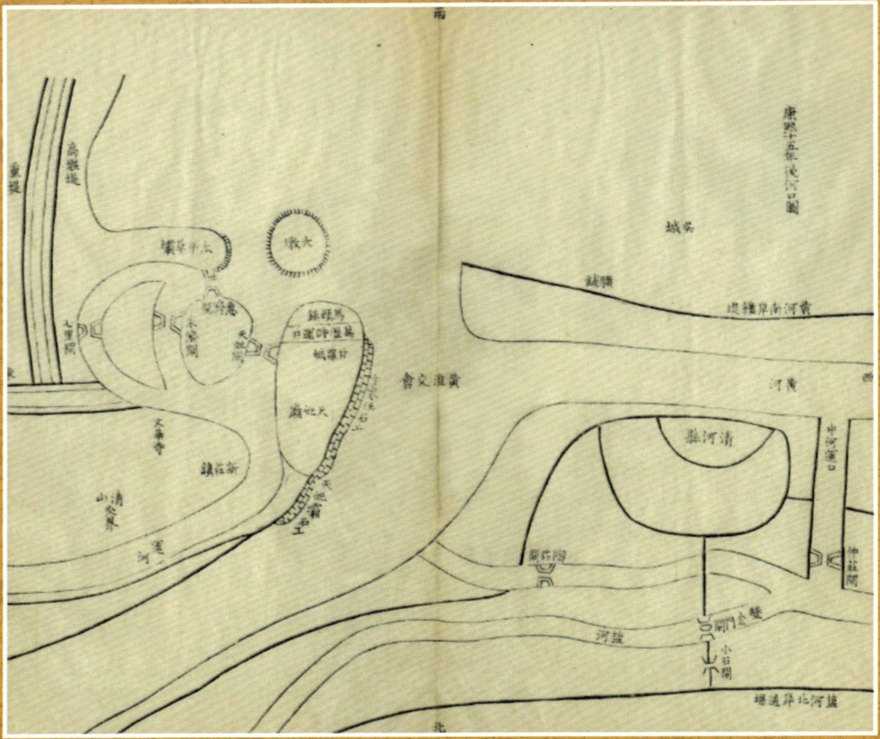

圖六：康熙十五年後河口圖（原圖三）

康熙十五年後河口圖説

康熙十五年，河決宿遷之白洋河，入淮又決清河之張家莊、王家營，安東之邢家口、二鋪口，山陽之羅家、夏家、吕家、洪家、竇家諸口。時高堰亦倒卸三十餘處，高、寶、江都漕堤共決三百餘丈。

聖祖以河道敝壞已極，乃罷總河王光裕，以安徽巡撫靳輔督治之。先於清江浦以下，歷雲梯關至海口一帶，河身兩旁各挑引河一道，以待沖刷，合為一河，即以浚河之土築兩岸堤，共長九萬五千餘丈。又於雲梯關外兩岸各築堤，長二萬八千餘丈，以束水。下游既疏，乃塞上游並高堰諸口，於清口澱成平陸之處，開張福口、帥家莊、裴家場、爛泥淺引河四道，引清敵黄，不數年而河治。其於運口也，分爛泥淺之水二分濟運，八分敵黄。築運口起至惠濟祠後大營房止，縷堤長六百九十二丈。十七年，自新莊閘西南開引河一道至太平草壩，壩在爛泥淺引河東北。並移天妃閘於新河，天妃閘即明萬歷間所建通濟閘。又自文華寺永濟河頭起挑河一道，引而南經七里閘復轉而西南，亦接之太平壩，俱達爛泥淺。河内兩渠並行，互為月河以舒急溜。修復七里閘，凡運艘並官民船隻俱出七里閘，至爛泥淺引河之上流，下達清口入黄河，以爛泥淺引河之上為運口。二十三年，建惠濟閘於舊通濟閘迤南三里，以是閘為運口。後又建大墩於頭草壩即太平壩。之西，在三十二年。以挑湖水。三十年，建天妃壩臨黃石工，長三百四十七丈。後又接建至大營房止，長一百六十二丈。四十一年，又南至卞家汪止，接建石工長八十四丈。卞家汪、天妃壩臨黃石工，歷年澱淤，致形卑矮，嘉慶十年加高堤工，已將石工埋於坡下。

按：《清河縣志》："運口有七里閘，明嘉靖年建，引淮水以達漕運。後以河水南侵，閘底淤澱。"又《河防志》載："明時，以運河淺阻，於郡城東南運河西岸楊家廟，浚永濟河舊渠，別開新河直達文華寺，南與正河合。"後正河通利遂廢，似即七里閘河。因旁近七里墩，呼之謂七里閘。是以靳文襄公浚河云："自淤高明季舊河起，謂是嘉靖時所建閘河也。"

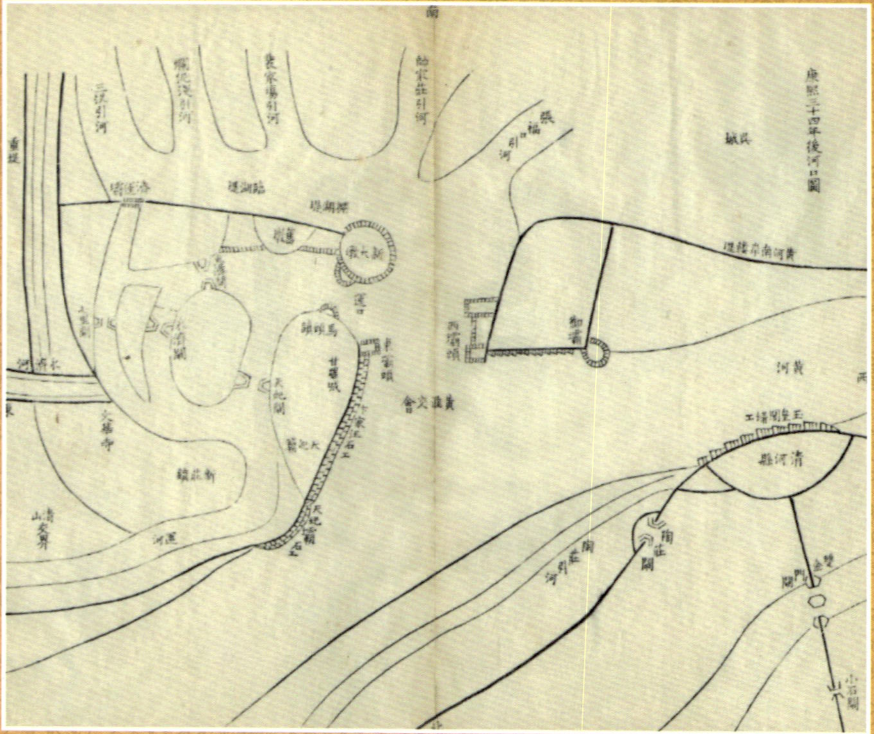

圖七：康熙三十四年後河口圖（原圖四）

康熙三十四年後河口圖說

康熙三十四年，建永濟閘於泰山墩北，與惠濟閘相望，亦通運。按：永濟閘地，即明萬曆間潘宫保移建通濟閘處，康熙十七年，靳文襄公將閘移建新河，兹又復建。三十七年，建東西壩於風神廟前，以東清禦黄。三十八年，聖祖仁皇帝南巡，臨視河口，以黄河直抵惠濟祠前，始折而東下，逼近清口，易致倒灌，乃令侍衛肩椿釘，立即於其處建挑水大壩，挑溜北趨。土人感戴至今，呼為御壩，壩尾土堰直接南首縷堤。又自張福口運河縷堤尾起，至西壩止，築臨清束水堤，長五百二十八丈。又建惠濟祠旁運河西岸磚工三次，其長二百六十四丈。

自三十四年以後，海口創築攔黄壩，令黄河由馬港口入海，去路不暢，上游壅高，河口頻年倒灌，復又淤成平陸，淮不北出者數年。三十九年，張文端公由兩江移任河督，首拆海口攔黄壩，次大闢清口，開引河七道，引湖水暢出刷黄。四十年，於運口爛泥淺之下舊大墩至太平草壩築攔湖堤，長一百四十丈，内外排椿、廂埽，並築新大墩於舊墩之西，逼清七分敵黄、三分濟運。大墩之下建築頭壩以束水。四十一年，自武家墩北接臨湖堤，長七百七十丈，在三汊河處。建石磋一座，名濟運壩，相時啓閉，引三汊河之水由文華寺入運河濟運。四十二年，自御壩起至東西壩止，又築臨黄順水堤一道。四十六年，以天妃閘塘深窪，築壩攔截，移運口於頭草壩之北。如重運過完，將頭草壩煞斷，令清水全入黃河，俟回空船到再啓，止留三汊河，清水仍由文華寺入運河。

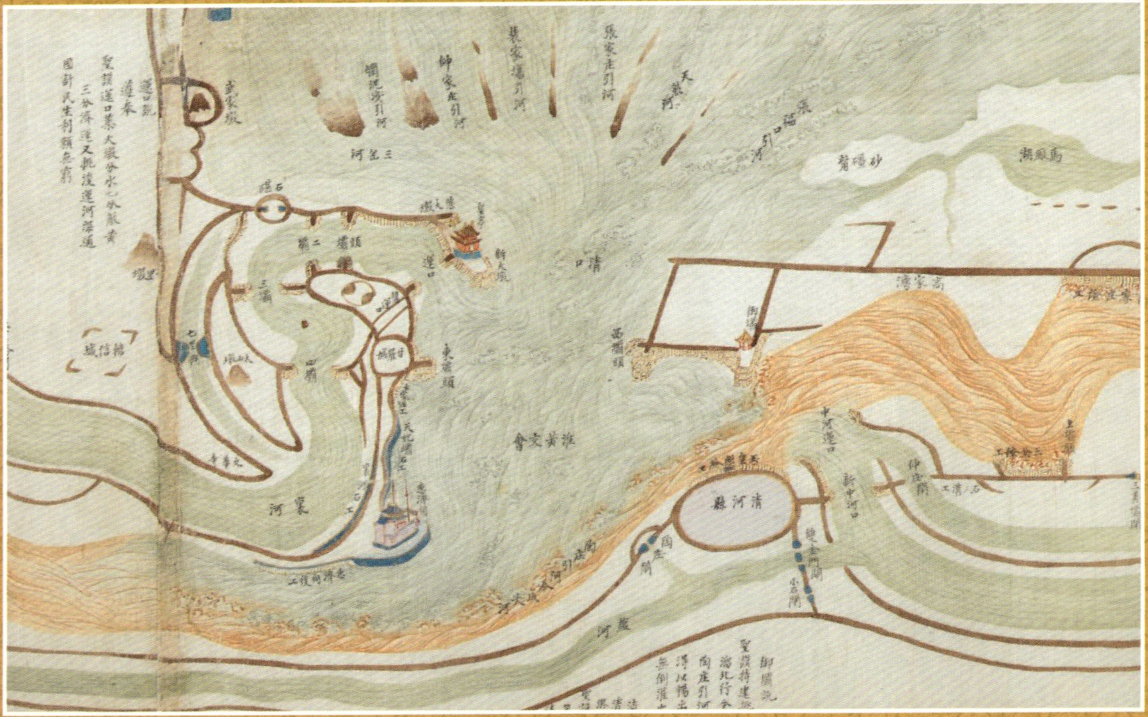

圖八：康熙四十二年《運河圖》河口圖（新圖四）

圖影來自於“數位方輿”，網址見：http://digitalatlas.asdc.sinica.edu.tw/map_detail.jsp?id=A104000043，2016年12月7日。

康熙四十二年《運河圖》河口圖說

《運河圖》現藏於大英圖書館（The British Library），絹本彩繪，卷軸裝，51cm×944cm。

整幅地圖卷首起自京師（北京），卷尾止於杭州錢塘江畔。該圖繪製精美、線條流暢、注記豐富、圖例統一，是難得一見的反映康熙中後期運河治理狀況的第一手圖像史料。據《康熙三十四年後河口圖說》，康熙三十八年（1699）所建“御壩”及康熙四十年（1701）所建“新大墩”均已出現在圖中。而更晚的工程則是康熙四十二年（1703）所築“皇亭”，據載“舊口之南、新口之北，有龍亭一座，康熙四十二年建”①。結合圖中題記，推斷該圖集中反映了康熙四十二年及之前幾年的清口地區河渠狀況。圖八可與圖七及《康熙三十四年後河口圖說》相對照，綜合反映這一時期的運口狀況。

如圖八所示，河口地區附有三段題記，與《康熙三十四年後河口圖說》可互為引證，茲謄錄於下：

運口說 遵奉聖謨運口築大墩分水，七分敵黃、三分濟運。

---

① （清）衛哲治等纂修：《淮安府志》，乾隆十三年修，咸豐二年重刊本，成文出版社 1983 年影印本，第 645 頁。

又挑浚運河深通，國計民生利賴無窮。

御壩説 聖謨特建挑水壩，逼溜北行，今大溜直趨陶莊引河，俾清水得以暢出，黄水永無倒灌之虞。

清口説 清口從前黄流倒灌，淤成平陸。仰賴聖謨指示挑挖張福口等引河，導淮暢出，清口深通，淮黄交會。今伏秋異漲，依然逼黄北行，毫無倒灌。

高堰説 高堰從前殘缺單薄。欽奉圣謨加築高寬，添建石工，以資保障淮揚民生晏安。

塘埂六壩説 壩從前盡潰，湖水東注，欽奉聖謨堅築束水入清口敵黄，下河田土盡得耕獲。

圖九：康熙四十二年《運河全圖》河口圖（新圖五）

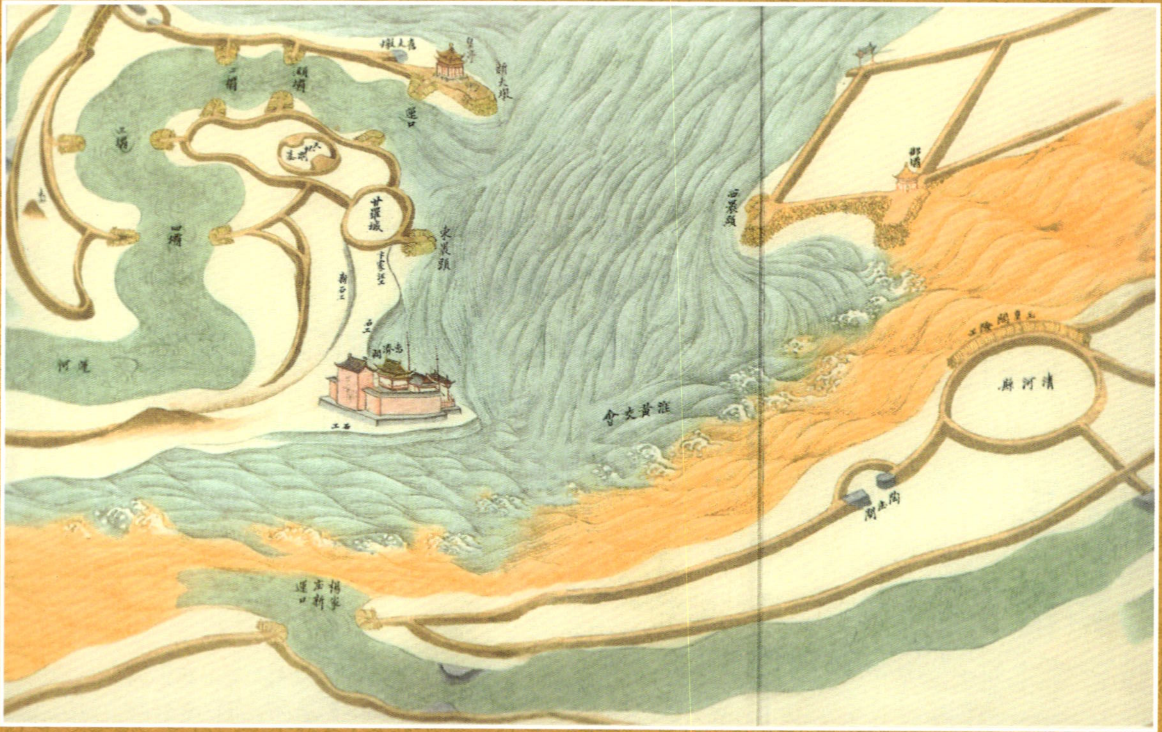

圖影來自於（清）張鵬翮《運河全圖》，中國地圖出版社 2011 年版。

康熙四十二年《運河全圖》河口圖說

《運河全圖》選自《治河全書》，該書刊行于康熙四十二年，編繪者為張鵬翮，康熙三十九年（1700）至康熙四十七年（1708）任河道總督，任內在中河治理、清口整治等工程中著有成績，深獲康熙帝肯定。張氏所纂修《治河全書》附水道輿圖二十四幅，繪製黃河、運河、淮河水道狀況，是了解康熙朝河道整治、河流淵源、黃運交滙河口地理形勢的重要圖像史料。

圖九展示的是黃河、運河交滙的清口地區河渠、閘壩等狀況。圖幅右邊標註有"仲家莊""中河口今堵"字樣並在圖幅左邊下方中河與黃河交滙處標註"楊家莊新運口"，這是康熙四十二年根據康熙帝指示、由張鵬翮實施的改建楊家莊運口工程。事見《淮安府志》載："四十二年，上諭以仲莊閘緊封清口，有礙行運，又於陶莊閘下挑引河一道，改從楊家莊出口，並建束水草壩三座。至今糧運往來，通行無滯也。"① 仲家莊運口堵閉主要是因為其地處黃河、運河交滙的

① （清）《淮安府志》，成文出版社1983年影印本，第584頁。

上游，中河出水后助長黄河水勢、增加倒灌的風險；而改移至楊家莊運口後，避免了助黄灌運的風險，紓緩了黄河倒灌壓力。[①]

① 參見王耀《水道畫卷：清代京杭大運河輿圖研究》，中國社會科學出版社2016年版，第38—41頁。

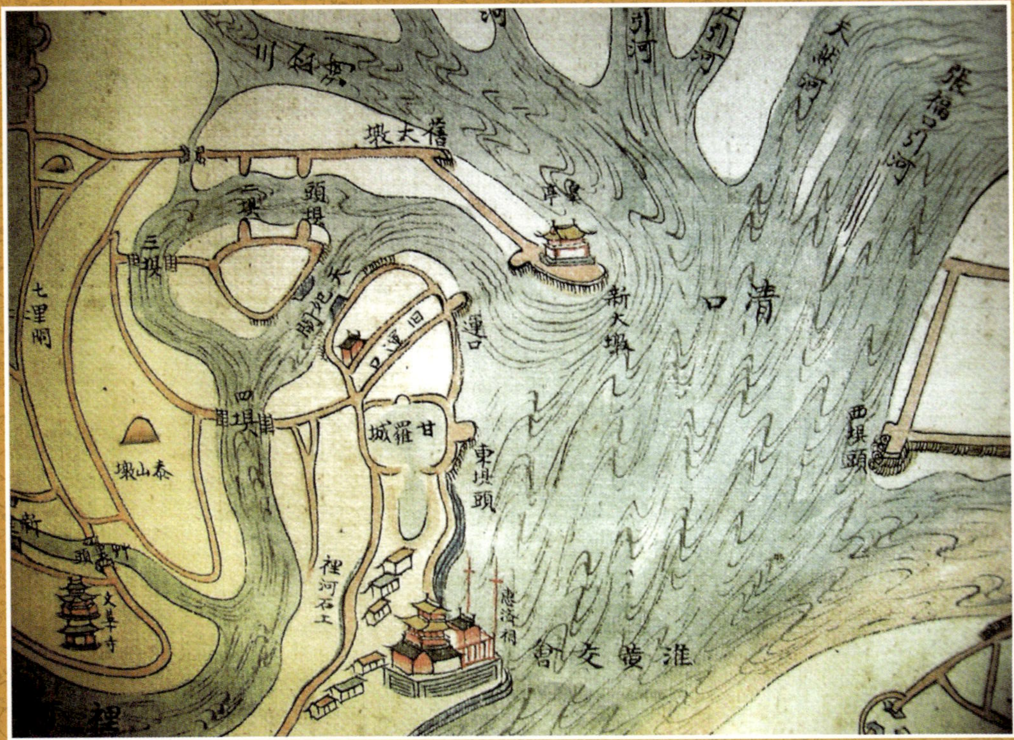

圖影由北京大學歷史系李孝聰先生惠賜。

圖十：康熙四十二年《運河全圖》河口圖（新圖六）

康熙四十二年《運河全圖》河口圖説

《運河全圖》現藏於美國紐約大都會博物館（The Metropolitan Museum of Art），該圖為紙本彩繪，未注比例，大致以運河西岸為圖幅上方。整幅地圖北起自北京，南達揚州止於長江，繪製沿線城池、閘壩、運河支渠、湖泊等。運河使用青藍色繪製，黄河繪以黄色，從河南境内的中牟縣、原武縣入圖，直至入海。

黄運交滙河口地區是其繪製重點，圖十中“皇亭”“陶莊引河”、“楊家莊運口”均為圖中出現的最晚水利工程，因此該圖集中反映了康熙四十二年河口狀況。[①]

① 參見王耀《清代京杭大運河全圖初探》，《故宫博物院院刊》2008 年第 2 期，第 91—108 頁。

圖十一：康熙四十二年《運河全圖》河口圖（新圖七）

圖影由北京大學歷史系李孝聰先生惠賜。

康熙四十二年《運河全圖》河口圖說

《運河全圖》現藏於美國佛利爾美術館（Freer Gallery of Art），其與美國紐約大都會博物館藏圖極為相似，圖幅表現了運河沿途的城池、水利工程及運河支渠和湖泊等，圖十一集中繪製了康熙四十二年修築的皇亭、陶莊引河、楊家莊運口等。[①]

圖八、圖九、圖十、圖十一，均為反映康熙四十二年及之前清口地區狀況的輿圖。康熙帝重視河工，“歷年所奏河道變遷圖形，朕俱留內，時時看閱。朕素知河道最難料理，從古治河之法，朕自十四歲即翻復詳考”[②]。康熙帝在位期間，六次南巡閱河。康熙三十八年第三次南巡，親赴河工，指示修築“御壩”，圖七至圖十一，各幅圖中均有繪製。康熙四十二年，第四次南巡，“四十二年癸未春正月壬子，大學士諸臣賀祝五旬萬壽，恭進‘萬壽無疆’屏。卻之，收其寫冊。壬戌，南巡閱河”[③]。此次閱河前後，在交滙地帶新築了大量標誌性工程，如“皇亭”“楊莊運口”等。康熙帝需要借助運河圖了解

---

① 參見王耀《水道畫卷：清代京杭大運河輿圖研究》，第126頁。

② 《聖祖仁皇帝聖訓》卷33《治河一》，康熙二十七年戊辰五月癸酉，第9—10頁，《文淵閣四庫全書》，台灣商務印書館1986年版，第527—528頁。

③ 《清史稿》本紀8《聖祖本紀三》，中華書局1976年版，第261頁。

工程進度、指授治河方略，河臣則借助運河圖匯報治河工作、請示閘壩修築事宜等，因此產生以康熙四十二年為節點的多幅運河圖則是必然。其契機則是勤於河務的康熙帝第四次南巡閱河。

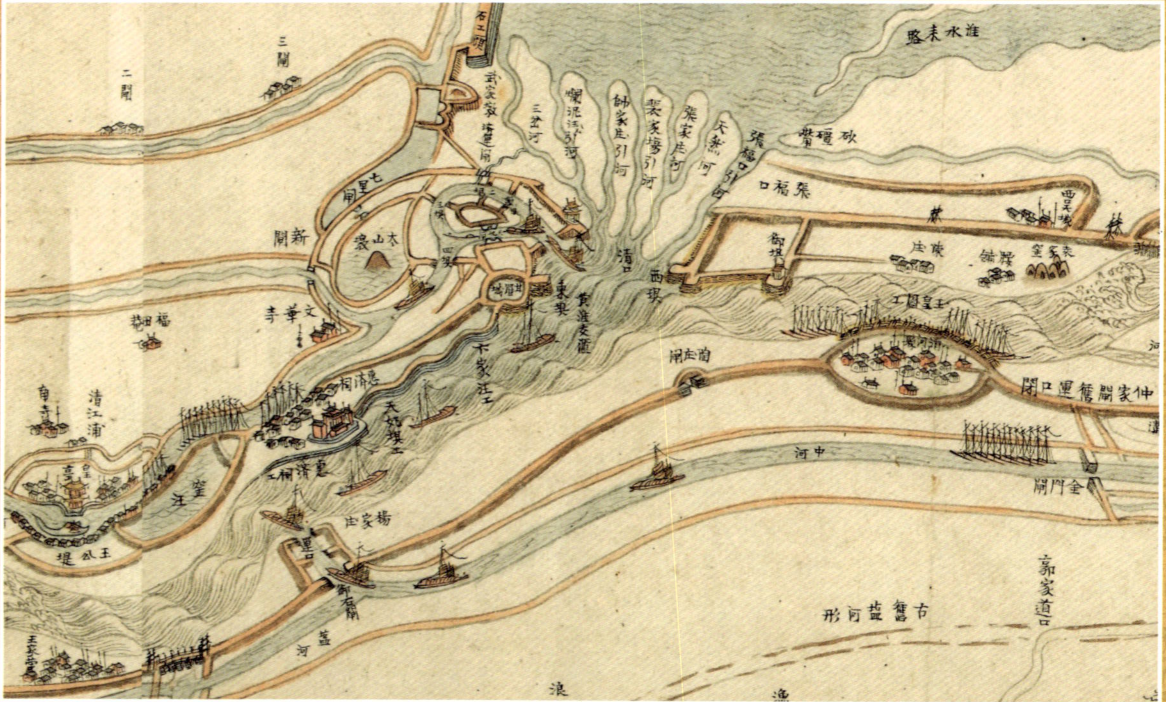

圖十二：康熙四十三年《全黃圖》河口圖（新圖八）

圖影來自於“數位方輿”，網址見：http://digitalatlas.asdc.sinica.edu.tw/map_detail.jsp?id=A104000042，2016年12月7日。

康熙四十三年《全黄圖》河口圖説

《全黄圖》現藏於大英圖書館，紙本彩繪，44cm×605cm。該圖卷末落款“甲申冬月 虞山王翚恭畫”，可知該圖由清代畫家王翚所繪，繪製時間為康熙甲申年，即康熙四十三年（1704）。

該圖是較少見的由著名畫家繪製的河圖，其他諸多河圖多為修治河工的河臣繪製。王翚，字石穀，號耕煙散人、烏目山人、清暉主人等，江蘇常熟人，生於明崇禎五年（1632），卒於清康熙五十六年（1717）。其曾祖父、祖父、伯父、父親均善繪畫，王翚亦為當世名家。其中落款“恭畫”二字，説明此圖當為呈送給康熙帝御覽之圖。圖後附有楊慶麟於同治丁卯（1867）十二月題寫的識語，其中提到“清暉老人奉敕製《南巡大典》及《全黄圖》，皆集眾長而總其成”，據研究，該圖應該為王翚真跡，但可能是稿本或副本。①

圖幅繪製十分精美，表現了從黄河源頭至江蘇北部入海口的狀況，大運河從北京至與長江交滙處，與黄河平行繪製在圖

① 參見席會東《〈王石谷全黄圖〉研究》，《故宫博物院院刊》2010年第1期，第115—131頁。

幅中。[①] 從圖十二可見，該圖中繪製了航行的漕船及碼頭等其他地圖中極少繪製的内容。如題記“甲申冬月”，此時應該為漕船卸完漕糧等貨物，從北京往南“回空”之時，地圖中繪製精細，中河中的漕船南行，入黄河後收起風帆逆流而上，進入里運河運口後再次擎起風帆南行。這一番場景生動入微，形象地反映了“冬月”漕船“回空”狀況。

① 參見李孝聰《歐洲收藏部分中文古地圖敘錄》，國際文化出版公司 1996 年版，第 35—36 頁。

圖十三：雍正十三年《清口木龍圖》（新圖九）

圖影來自於《水到渠成：院藏清代河工檔案輿圖特展》，台北“故宮博物院”，2012年，第50頁。

雍正十三年《清口木龍圖》圖說

《清口木龍圖》現藏於台北“故宮博物院”，紙本彩繪，58. 5cm × 86. 3cm。

乾隆十四年（1749），江南河道總督高斌建議在黄運交滙處西邊增設木龍，導引黄河水流北趨，遠離運口，紓緩清口地區遭受黄河倒灌的風險。為此上呈奏折《為奏聞清口木龍有效情形折》，① 並附三幅地圖，分別為雍正十三年（1722）《清口木龍圖》（圖十三）、乾隆十三年（1748）《清口木龍圖》（圖十四）和乾隆十四年（1749）《清口木龍圖》（圖十五），繪製這三個時間木龍添建前後河道變化等狀況。該奏折與附圖呈送乾隆帝御覽，乾隆十四年十月初十日，乾隆帝硃批“知道了，欽此”，此後歸入軍機處檔案，現存於台北“故宮博物院”，這是了解清口木龍設置的極為珍貴的第一手圖像史料。

據高斌奏折，乾隆五年（1740），高斌“奏請添設木龍數架，以挑黄流”，乾隆帝同意試行，硃批“且試行之，俟再有效則甚美事也。欽此”。試行當年，即見成效。乾隆六年（1741）高斌調任他處，後任河臣未能充分利用木龍，至乾隆

① 台北“故宮博物院”藏：乾隆十四年十月初一日，江南河道總督高斌奏折錄副《為奏聞清口木龍有效情形折》，故機005054。圖影見《水到渠成：院藏清代河工檔案輿圖特展》，台北“故宮博物院”，2012年，第48—49頁。

十四年，高斌踏勘認為木龍未能發揮作用的原因在於：木龍設置之目的是減弱黃河直衝運口的水勢，設置木龍後，黃河雖然北趨，但是黃河水流與清口之間尚缺少屏障。因此，在清口以西設置攔黃壩、順黃壩（如圖十五所示）。

三幅地圖中的方位基本為上南下北、左東右西，黃色濁流為黃河，自西向東流淌，淡青色清流為洪澤湖水，自南向北與黃河交滙。如圖十三所示，雍正十三年未設置木龍時，黃河水流直抵清口，易於倒灌入運道，且黃河北岸積土較多。據圖十四，乾隆十三年木龍設置後，逼迫黃河水流北趨，避免直衝運口，取得部分成效。清口以西地區已有淺灘，並且清口地區黃河水勢減弱，清口所處清流已能抵達關帝廟一帶。圖十五所示，增設木龍，新建攔黃壩、順黃壩後，治理成效更為顯著，集中表現為三個方面：其一，清口以西淤灘快速增大，圖十五黃色貼簽所記“御壩外自乾隆五年淤灘長五百余丈、寬四五十丈不等”，“本年新淤灘長六百餘丈、寬六七十丈不等”，“二層灘長五百餘丈、寬八九十丈不等”。與圖十四相比，一年之間，淤灘快速增大。可見，木龍等設置有助於形成淤灘，構築黃河與運口間的天然屏障。其二，與圖十四相比，乾隆十四年的黃河北岸積土有所減少，圖十五貼黃註記“積土原長七百五十丈、寬十一二丈至二十五六丈不等，陸續塌去，現存長六百一十丈、寬一二丈至十六七丈不等”，可見木龍等設置達到了迫使黃河北趨進而沖刷黃河北岸積土的目的。其三，因為木龍、攔黃壩等設置較好地保護清口，如圖十五所示，清口所處清流越過關帝廟，直抵惠濟祠，黃清交滙線不斷北移。[1]

① 參見王耀《古地圖所見乾隆朝清口地區河渠治理》，《中國典籍與文化》2016年第3期，第128—130頁。

圖十四：乾隆十三年《清口木龍圖》（新圖十）

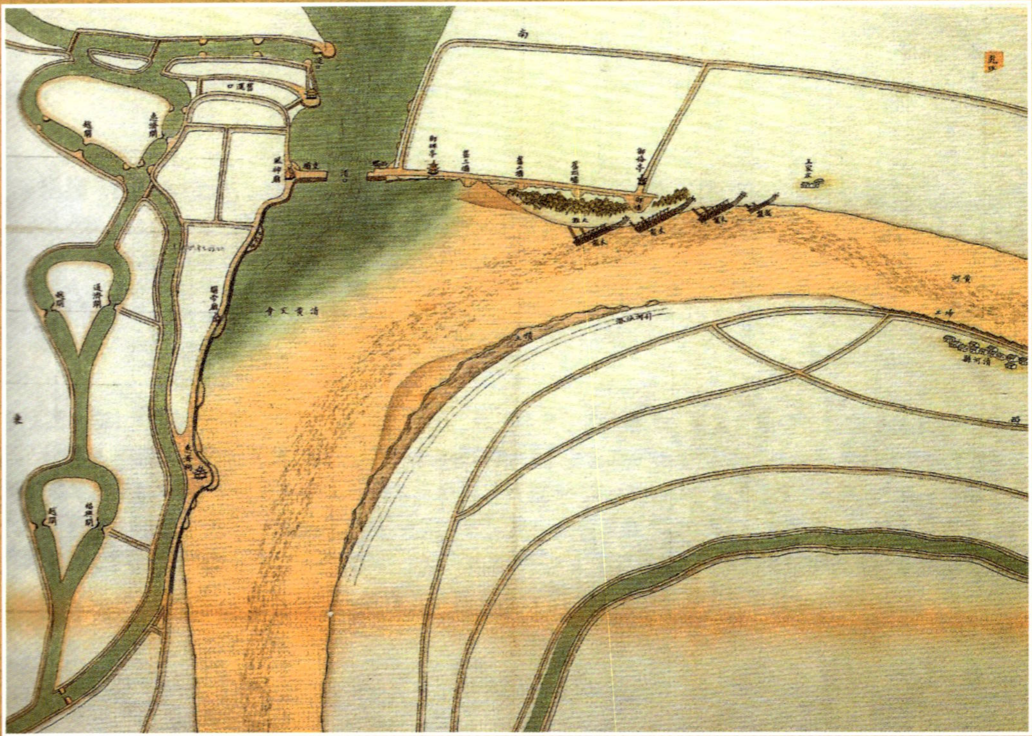

圖影來自於《水到渠成：院藏清代河工檔案輿圖特展》，第 51 頁。

乾隆十三年《清口木龍圖》圖說

《清口木龍圖》現藏於台北“故宮博物院”，紙本彩繪，58.5cm×86cm。

該圖為乾隆十四年江南河道總督高斌《為奏聞清口木龍有效情形折》中三幅附圖之一。可與圖十三、圖十五及《雍正十三年〈清口木龍圖〉圖說》相互參看。

高斌（1692—1755）曾多次出任江南河道總督，分別為雍正十三年、乾隆元年至乾隆六年、乾隆十三年至乾隆十八年。高斌，字右文，本屬漢軍八旗，後其女嫁與乾隆帝為妃，遂抬入滿洲鑲黃旗。雍正九年（1731）遷河東副總河，開始參與治河。雍正十一年（1733）署理江南河道總督，雍正十三年，實授江南河道總督。乾隆年間，高斌傾心河務，在興修堤壩、疏浚河道、挑挖運口、建設木龍等工程中，治績卓越。[①] 乾隆二十年（1755）卒。乾隆二十二年（1757）乾隆帝南巡，稱讚“原任大學士、內大臣高斌，任河道總督時頗有勞績”[②]，令祀賢良祠。

---

① 參見王耀《水道畫卷：清代京杭大運河輿圖研究》，第139—140頁。

② 《清史稿》卷310，中華書局1976年版，第10633頁。

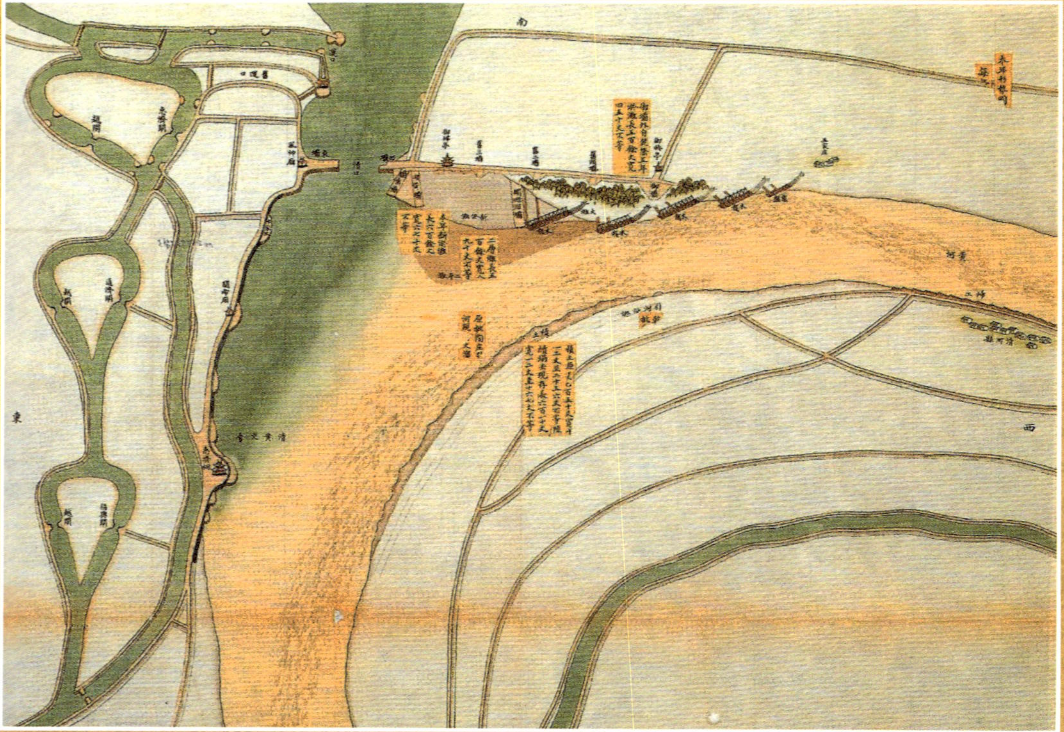

圖影來自於《水到渠成：院藏清代河工檔案輿圖特展》，第51頁。

圖十五：乾隆十四年《清口木龍圖》（新圖十一）

乾隆十四年《清口木龍圖》圖説

《清口木龍圖》現藏於台北“故宫博物院”，紙本彩繪，57.8cm×87cm。

該圖為乾隆十四年江南河道總督高斌《為奏聞清口木龍有效情形折》中三幅附圖之一。可與圖十三、圖十四及《雍正十三年〈清口木龍圖〉圖説》相互參看。

圖十六：乾隆十五年前後《黃河南河圖》河口圖（新圖十二）

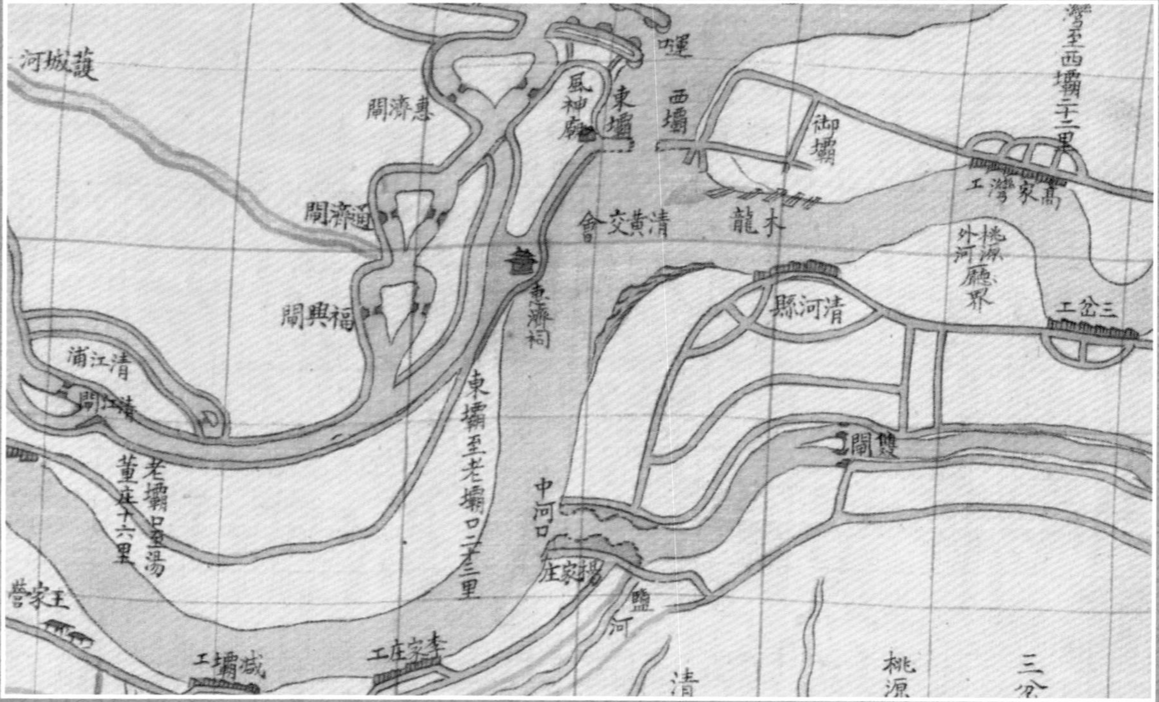

圖影來自於“數位方輿”，網址見http://digitalatlas.asdc.sinica.edu.tw/map_detail.jsp?id=A103000092，2017年4月16日。

乾隆十五年前後《黃河南河圖》河口圖說

《黃河南河圖》現藏於美國國會圖書館，絹本彩繪，38cm × 183cm。

該圖以黃河右岸為圖幅上方，使用形象畫法繪製黃河下游河道及運河狀況，閘壩、山巒、城池等一一上圖。圖幅中黃河施以黃色，其他河流、河渠、湖泊等加註淡青色，畫面中線條清晰，用色淡雅。

據研究，該圖反映的是乾隆年間（1749—1753）的運河、黃河狀況。[①] 圖十六中已經出現五架木龍且黃河、運河交滙的黃清交滙線推至惠濟祠一線，與圖十五中所繪基本一致。因之，推測該圖反映的應該是乾隆十五年前後的清口狀況。

---

① 參見李孝聰《美國國會圖書館藏中文古地圖敘錄》，第141—142頁。

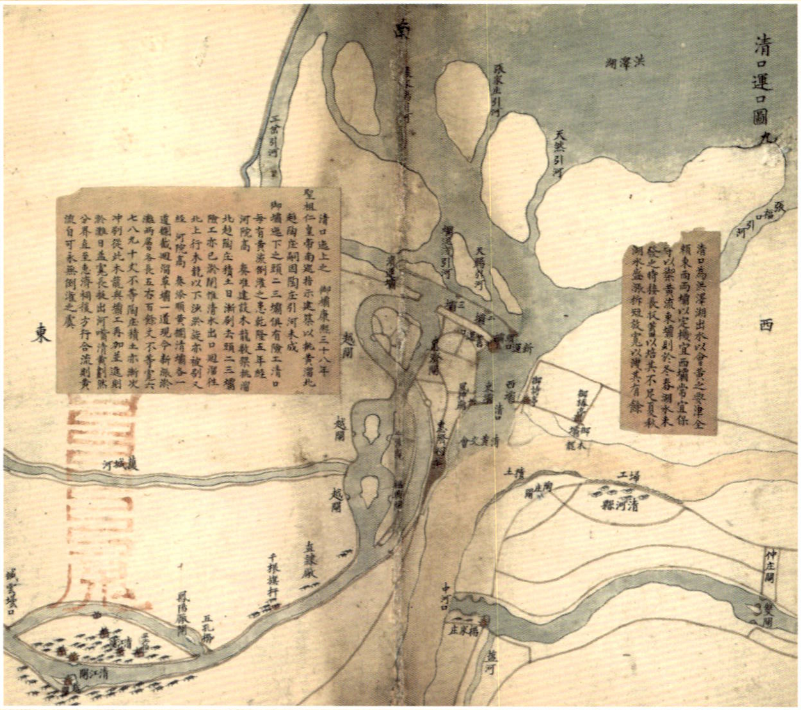

圖十七：乾隆十五年前後《乾隆黃河下游閘壩圖》之《清口運口圖》（新圖十三）

圖影來自於“數位方輿”，網址見：http://digitalatlas.asdc.sinica.edu.tw/map_detail.jsp?id=A103000090，2017年4月26日。

乾隆十五年前後《乾隆黄河下游閘壩圖》之《清口運口圖》圖說

《乾隆黄河下游閘壩圖》現藏於美國國會圖書館，紙本彩繪，20 幅地圖疊裝成冊，29cm×29cm，各具圖題，并附圖說。據研究，該幅圖冊應繪製于乾隆十四年至乾隆十八年（1749—1753）。[①] 圖中木龍的出現、東西壩的位置等與圖十五、圖十六基本一致。

《清口運口圖》中有貼説，内容多為與治河有關的皇帝諭旨、河臣奏章、治河機宜等，記録順黄壩、攔清壩及東壩、西壩等工程，屬於實時性的可靠文獻。兹謄録於下：

清口迤上之御壩，康熙三十八年聖祖仁皇帝南巡指示建築，以挑黄溜北趨陶莊。嗣因陶莊引河未成，御壩迆下之頭、二、三壩俱有險工，清口每有黄流倒灌之患。乾隆五年，經河院高（斌）奏准建設木龍數架，挑溜北趨，陶莊積土日漸，刷去頭、二、三壩險工亦已淤閉。惟清水出口廻溜，往北上行，木龍以下沙淤，旋亦被刷。又經河院高（斌）奏添順黄、攔清壩各一道，攔截廻溜，草壩一道，現今新漲淤灘兩層，各長五

① 參見李孝聰《美國國會圖書館藏中文古地圖敘録》，第 140 頁。另見王耀《水道畫卷：清代京杭大運河輿圖研究》，第 139—140 頁。

六百餘丈不等，寬六、七、八、九、十丈不等。陶莊積土亦漸次沖刷，從此木龍與壩工再加並進，則淤灘日益寬長，挺出河嘴，清黃劃然分界直至惠濟祠后，方行合流，則黃流自可永無倒灌之虞。

清口為洪澤湖出水以會黃之要津，全賴東西兩壩以定機宜，西壩常宜保守以禦黃流，東壩則於冬、春湖水未發之時，接長收蓄以培其不足，夏秋湖水盛漲，拆短放寬以洩其有餘。

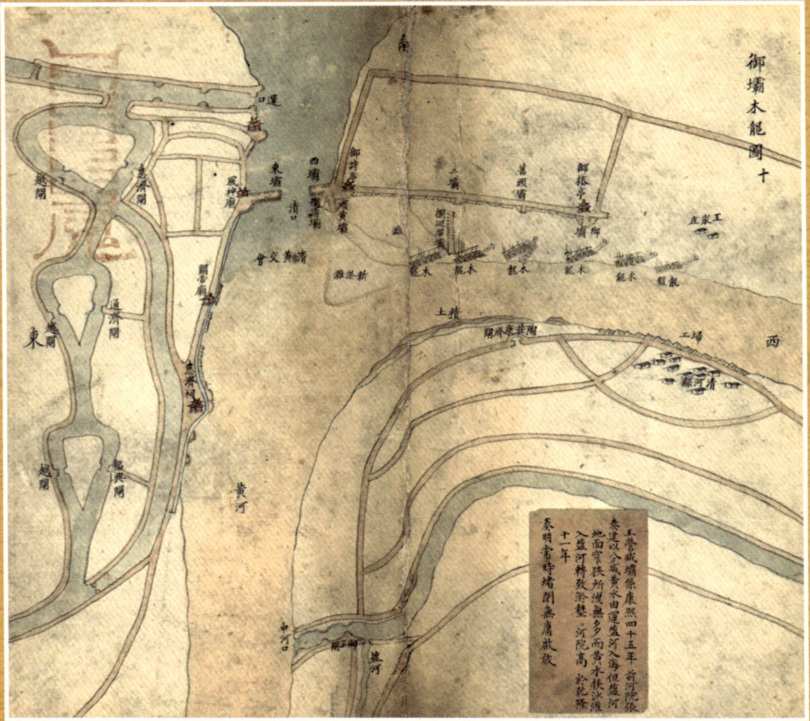

圖影來自於"數位方輿"，網址見：http://digitalatlas.asdc.sinica.edu.tw/map_detail.jsp?id=A103000090，2017年4月26日。

圖十八：乾隆十五年前後《乾隆黃河下游閘壩圖》之《御壩木龍圖》（新圖十四）

乾隆十五年前後《乾隆黃河下游閘壩圖》之《御壩木龍圖》圖說

《御壩木龍圖》為美國國會圖書館藏《乾隆黃河下游閘壩圖》套圖之一，紙本彩繪，29cm×29cm，與圖十七《清口運口圖》同樣繪製於乾隆十四年至乾隆十八年。

圖十五乾隆十四年《清口木龍圖》中，木龍五架。至圖十八中，木龍已添至六架。用意在於加大迫使黃河水流北趨的力度。綜合觀覽圖十三、圖十四、圖十五、圖十六、圖十七、圖十八，可了解乾隆初年清口地區木龍設置、淤灘長盈、黃清交滙線移動等狀況。這些變化直接導致乾隆中期的陶莊引河開挖等重要水利工程，亦是運口運道不斷變得狹長、東西壩不斷北移乃至道光年間不得已改行灌塘法行運的基礎背景。

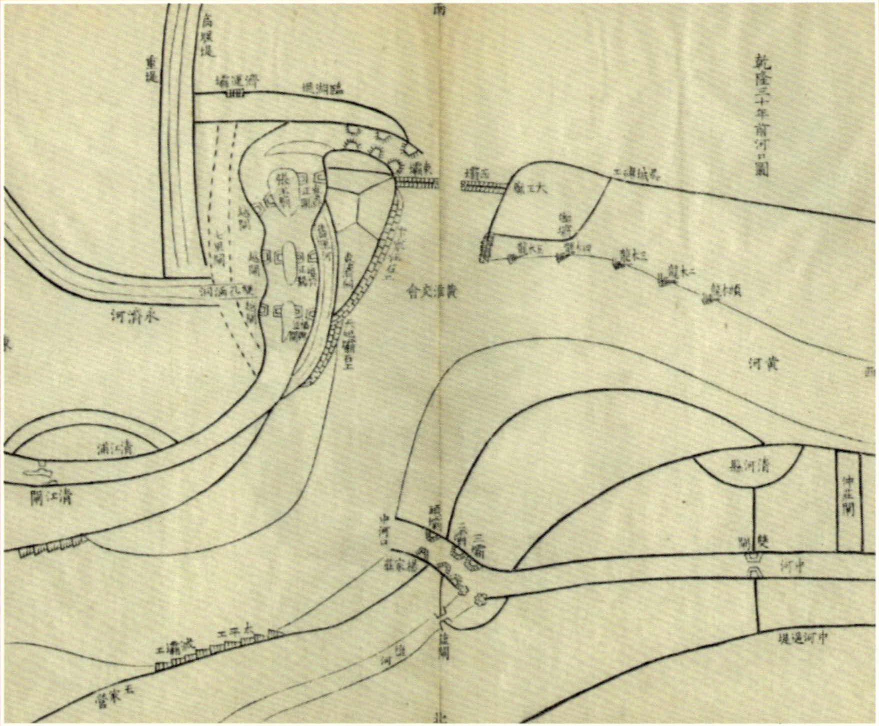

圖十九：乾隆三十年前河口圖（原圖五）

乾隆三十年前河口圖說

康熙四十九年，改建永濟閘為惠濟越閘。雍正十年，移建惠濟閘於二草壩下。即今之正閘也。乾隆二年，總河高文定公移運口於舊口之南七十五丈，即今之運口也。建頭壩於運口之內，迤下又建二、三壩，互相擎托，各留金門，寬四丈，以節清水。又因洪湖水高，運河水下，每遇汎漲，下游淮安、高、寶一帶，輒平漕滿岸。欲使運河無險患，當使運口有關鎖。現在運口內止有草壩三座及惠濟正、越石閘各一座，議於惠濟正、越兩閘之下，各建草壩三座，迤下酌量遠近再建正、越石閘各二座，閘下各建草壩三座，層層關鎖，以減運河水勢。並因舊河下段西黃東運，中隔一線沙堤，大汛水漲甚屬危險，乃自張王廟前接舊河起，至龐家灣下開正、越新河一千六十八丈，穿永濟河頭接入舊河，以挑河之土築東堤，新河之內建通濟、福興正、越四閘，而將舊運口築堤攔截，計水入運口，由三草壩東行，過老鸛嘴至佘家壩折而北經惠濟越閘之上，歷北裹頭而西抵惠濟正閘。今逾百年，空重運行循由不易。而前明至雍正年間，歷次創建堤河閘壩悉皆置之。

五年，用州同李昞議，建木龍五架於御壩之西，挑溜北趨陶莊。八年，自運口頭南壩起，至濟運壩止，築臨湖堤一道，長一千四百七十八丈。十年，建雙孔涵洞於通濟閘下東堤，備清水盛漲時洩入護城河。護城河本分永濟河水，自挑新河穿永濟河頭，故於東堤復建涵洞以資分洩。十二年，因運口西岸張福口迤西黃河縷堤，南湖北黃，湖水嚙堤，乃自舊四堡至七堡，於堤身南面建磚工，長一千丈。十八年，又自七堡至十堡接建磚工一千二百二十丈。二十四年，將高堰界西臨湖堤長七百七十丈並建磚工。二十七年，接前工往西又建磚工五百九十八丈。三十六年，又往西接建磚工九十二丈。從此河口臨湖一面並運口之內工程周密，防範稍易，惟於黃溜東注專致功焉。

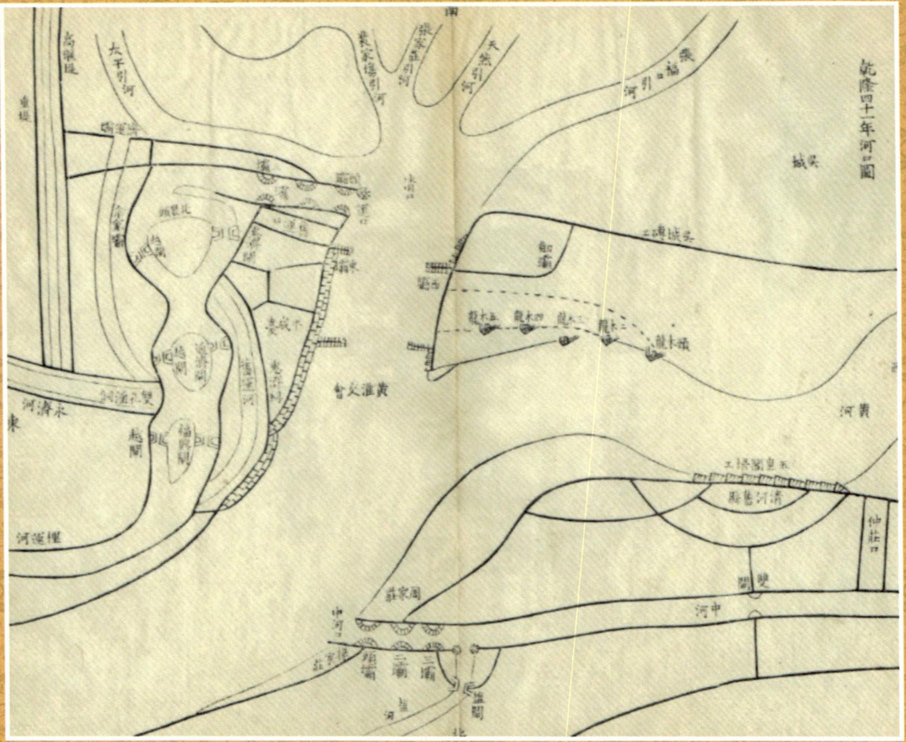

圖二十：乾隆四十一年河口圖（原圖六）

乾隆四十一年河口圖説

河口情形，自康熙十六年至乾隆四十年前，歷次創建改移，翠華屢幸，指示河臣，因時補苴，業已盡善。而黄流勢强，時虞倒灌。

乾隆四十一年，督河兩院勘議於黄河北岸陶莊迤上開河一道，至周家莊會清東注。既可越過惠濟祠，遠避清口倒灌之路；而周家莊迤下，兩岸灘面尚寬，離堤較遠，距中河楊莊運口尚有三百五十丈，溜向東趨，形勢較順。奏准辦理，計挑河長一千六十丈。黄河既移行陶莊新河，乃將清口東、西束水壩改建於平成臺，下移一百六十丈。四十二年，奏放新河並於舊河内築攔壩長一百三十丈，為清黄界壩，堵截斷流。得旨嘉奬，並令建河神廟。又自攔黄壩南壩頭起，至御壩順水堤止，築攔堰長一百四十丈。又自攔黄壩後起，至順水壩尾止，築撑堤一道，長二百丈。又自攔黄壩北尾起，至河尾止，於新河之南築束水堤一道，長八百九十一丈。又於攔黄壩之外築土埽壩一道，長一百三十丈，名順黄壩，以為重障焉。

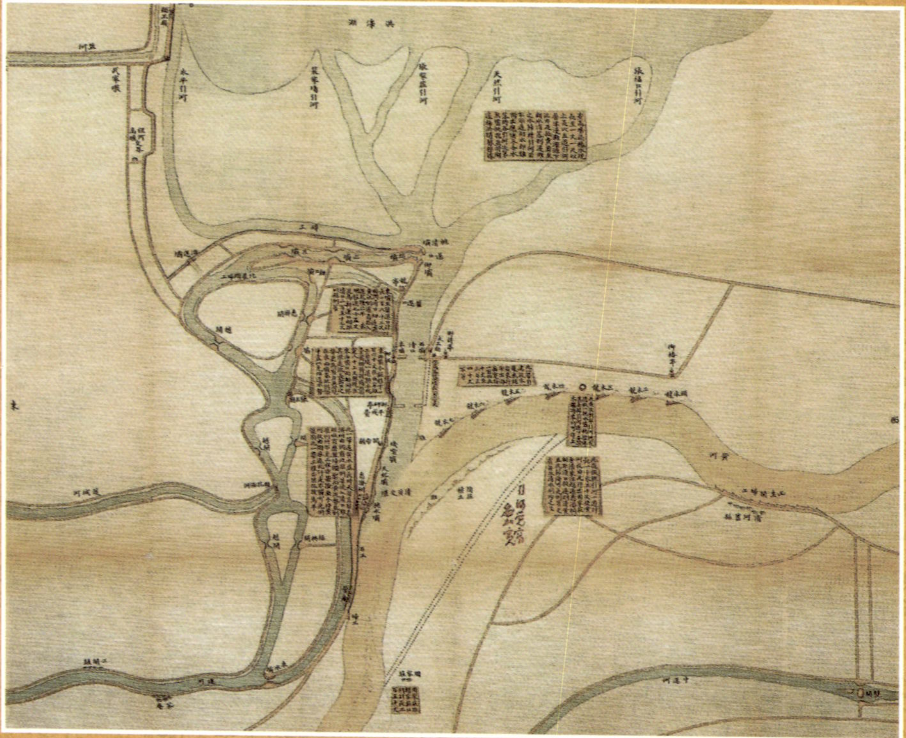

圖二十一：乾隆四十三年《移建清口東西壩並開挖陶莊引河圖》（新圖十五）

圖影來自於《水到渠成：院藏清代河工檔案輿圖特展》，第52頁。

乾隆四十三年《移建清口東西壩並開挖陶莊引河圖》圖說

《移建清口東西壩并開挖陶莊引河圖》現藏於台北“故宮博物院”，紙本彩繪，74cm×93cm。

該圖為大學士高晉奏折附圖。圖中顯示清口木龍數量從乾隆初年之後陸續添設，至乾隆四十三年已增至七架，清口西岸灘地已成陸地。為增大清口出水力度，防止黃河倒灌，因此將原清口東、西壩拆除，往北遷移至平成臺一帶重建。同時，清口對岸陶莊至周家莊間以紅點畫出開鑿引河一道，使黃河距離清口更遠。該圖集中反映了陶莊引河開挖前夕的清口狀況。其中亦有乾隆帝硃批。

茲將圖中貼說謄錄於下：

一、張福口引河、天然引河處貼說

查《高堰誌》，椿水現長至一丈一尺以上，是以五道引河普律漫灘，源源下注，力足敵黃。若至湖水消落，則漫灘之水歸槽引河，若不深通湖水，即難暢出，應俟冬令水落，將各引河次第煞壩挑挖並將湖邊楊淤隨勢撈濬。

二、舊運口處貼說

東壩至舊運口計長一百八十二丈，因與清口切近，遇黃水倒灌，易於入運。乾隆二年，（高斌）奏明移進七十五丈，是為新運口，相距清口二百五十七丈，以避倒灌。

三、東壩、西壩處貼說

東西壩今擬移下一百六十丈，在西岸灘上築堤一道，與平成臺處相對，該處河面寬八十二丈，與現在東西壩口門相同，得其源流出口之勢，更為有力，並將現在東西壩基址刨除淨盡，以免阻遏水勢。

四、惠濟祠處貼說

此一帶遇黄水盛長時，大溜直射惠濟祠，由祠前廻溜倒灌，流入清口。維經做有磨盤埽攔禦而黄流勢弱，倒灌仍所不免，工程亦甚險要。今將黄河改由陶莊迤北行走，不獨可免倒灌，而此一帶工程亦俱化險為平。

五、五木龍處貼說

此一帶自建木龍來，挑溜東行，淤出灘面寬自一百四五十丈至三百三四十丈不等。

六、三木龍處貼說

此處俟對岸引河挑成，應做一挑水壩挑溜，俾其全歸引河，迤下各架木龍將來均可停工。

七、三木龍對岸處貼說

此處擬挑引河一道，計長一千零五十丈，使黄河改由此行，出周家莊會清東注，越過惠濟祠，相距清口較遠則清黄並流歸海，可免倒灌之虞，並收清水刷沙之益。

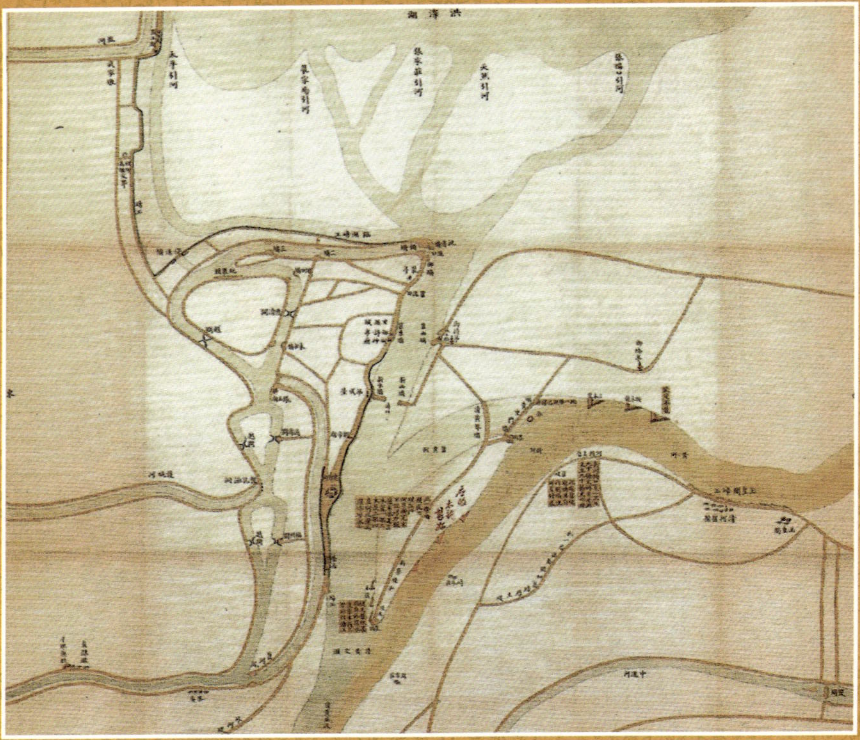

圖二十二：乾隆四十五年《陶莊新河現在情形圖》（新圖十六）

圖影來自於《水到渠成：院藏清代河工檔案輿圖特展》，第 53 頁。

乾隆四十五年《陶莊新河現在情形圖》圖說

《陶莊新河現在情形圖》現藏於台北“故宮博物院”，紙本彩繪，92cm×71cm。

該圖為乾隆四十五年三月二十日阿桂等奏折附圖，主題是展示新開陶莊引河狀況。新河道起自陶莊至周家莊止，黃河水流距清口更遠，同時廢棄了靠近原清口的幾架木龍。在“新河”陶莊引河中有硃批，指示在該處放置木龍三架。可見，新開陶莊引河係皇帝與河臣共同矚目的重要工程。

茲將圖中貼說謄錄於下（貼說有所殘破，部分字跡漫浸難識）：

新河頭口寬一百九十餘丈，河自□□丈至九十餘丈□□。

此處舊堤應拆，其自□□壩使河自舒展。

此一帶□□堤從□□□□在□□□河日漸寬□，不能得力，□舊木龍建三木龍一架，二木龍二架，以直對北岸，兩岸□可承□。

堤尾盤做□頭，□於清水處邊築木□□□，以護□工。

圖二十三：乾隆四十五年《陶莊新河估挑展寬圖》（新圖十七）

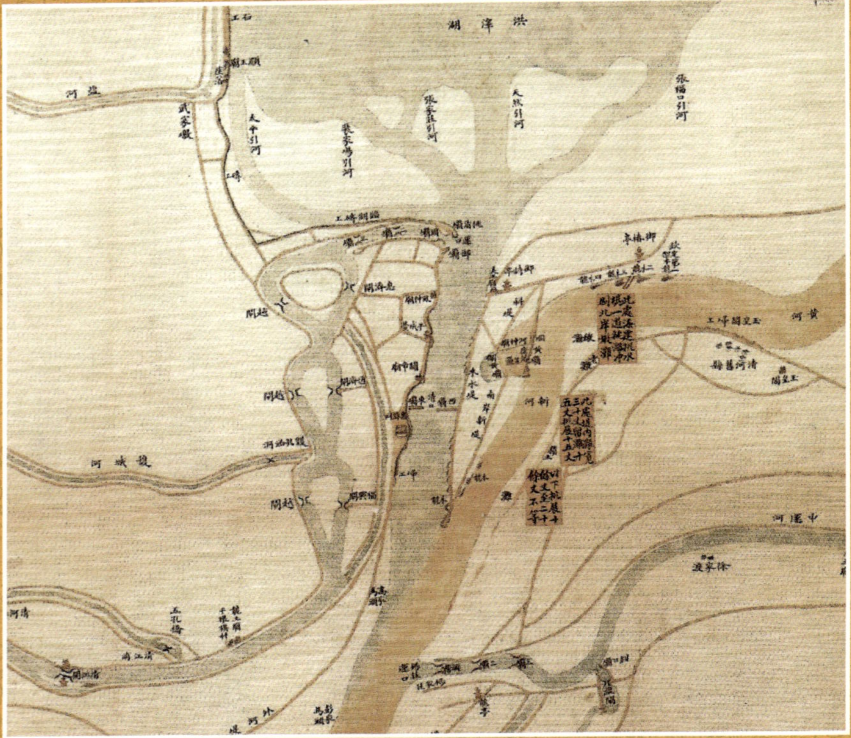

圖影來自於《水到渠成：院藏清代河工檔案輿圖特展》，第 55 頁。

乾隆四十五年《陶莊新河估挑展寬圖》圖說

《陶莊新河估挑展寬圖》現藏於台北“故宫博物院”，紙本彩繪，52cm×72.6cm。

該圖為乾隆四十五年兩江總督薩載奏折附圖。是年三月大學士阿桂與薩載奉命勘查陶莊新河情況，并呈文繪圖上報。在奏折中指出新河全長一千零六十丈，水深二丈餘至三丈不等，頭尾河面各寬七十餘丈，河身約寬六十丈不等，形成口寬身窄情形。奏折中建議將河身向北岸拓寬十餘丈至二十餘丈，使其可以容納汛期黄河之水。奏折中提到待乾隆皇帝南巡回鑾時經臨勘查，親授機宜。其他還建議於黄河南岸第三架木龍處修建挑水壩一座，引導黄河注入新河，以沖刷北岸積土。[1]

圖中黄河已經陶莊新河、遠避清口。在“南岸新堤”上建有“河神廟”一座，乾隆帝為此廟題寫碑文以誌其事，可見陶莊引河之意義重大。

兹將圖中貼説謄錄於下：

---

① 奏折内容參見《為奏報會勘陶莊新河展寬辦理情形折》，《水到渠成：院藏清代河工檔案輿圖特展》，第54頁。

此處添建挑水壩一道，挑溜沖刷北岸淤灘。

此處堤內灘寬三十丈、留灘十五丈，挑展十五丈。

以下挑展十餘丈至二十餘丈不等。

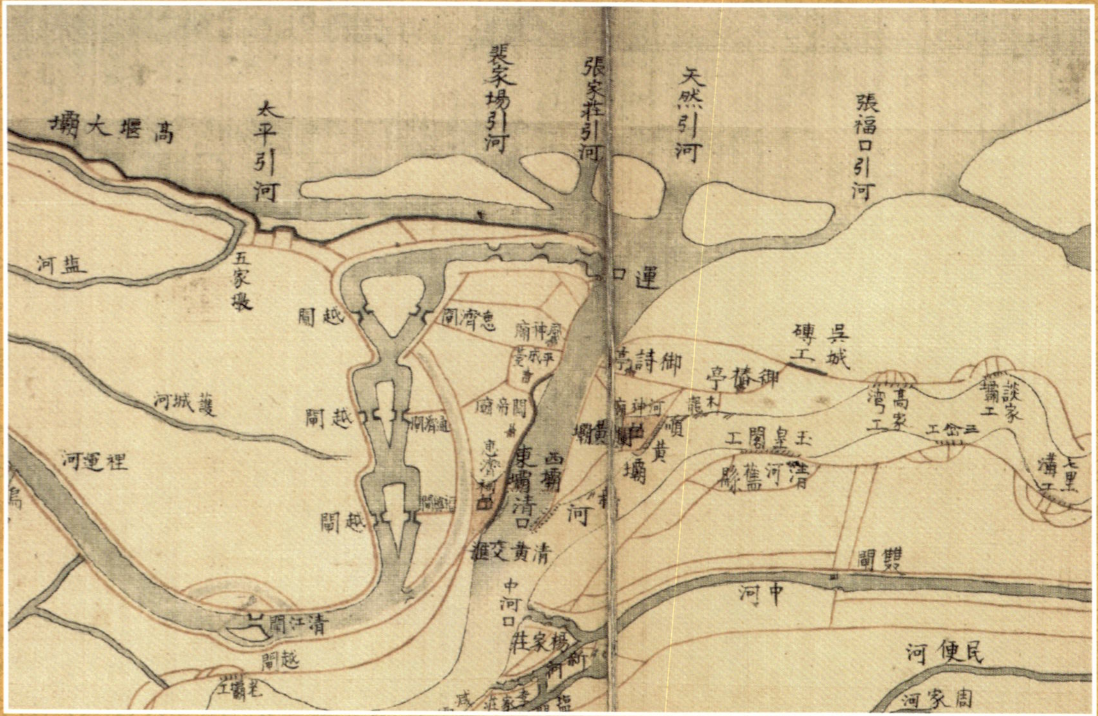

圖二十四：乾隆四十五年前後《黃運湖河全圖》河口圖（新圖十八）

圖影來自於“數位方輿”，網址見http://digitalatlas.asdc.sinica.edu.tw/map_detail.jsp?id=A103000091，2017年4月26日。

乾隆四十五年前後《黃運湖河全圖》河口圖說

《黃運湖河全圖》現藏於美國國會圖書館，絹本彩繪，25cm×150cm。

該圖卷共含五幅地圖，各具圖題並附圖說。據研究，該圖由薩載、高晉等編繪，圖幅應繪製於乾隆四十六年（1781）至乾隆五十年（1785），而圖幅內容則集中反映了乾隆四十五年前後挑展陶莊引河、移建東西壩等工程。①

圖中乾隆四十二年開挖之陶莊引河、興修之河神廟均已出現。該圖後圖說為乾隆四十五年薩載呈報展寬陶莊引河情況，與圖二十一、圖二十二、圖二十三及其圖說可互相參看，兹謄錄於下：

諭旨清黃界壩上首應加築壩工一道，以為重門保障。臣薩載敬謹遵辦，自添此壩而河流之南逼者，不致直到攔黃壩根。聖明籌畫精詳，固臻至極矣。四十三年春間，臣薩載與臣高晉遵皇上指示，將攔黃、順黃二壩空塘填平。續奉諭旨以所填止就河形寬窄而止，尚餘壩身一段未經填實，令於此內一律填

① 參見李孝聰《美國國會圖書館藏中文古地圖敘錄》，第140—141頁。

土。臣薩載又仰體皇上鄭重河防至意，於自界壩斜抵順黃壩尾，添築撑堤一道。四十五年，臣阿桂路過蘇州，傳旨令蘇藩吴壇隨抵清江與臣薩載同至陶莊，將新河逐一相度勘量，現寬六十餘丈者，挑展十餘丈，不足六十丈者挑展二十餘丈，河勢通身寬展，偶有盛漲亦可無虞。蓋自陶莊新河開成並築攔黃、順黃二壩，而黃水永無倒灌之虞。惠濟祠前向來最險之處，亦化險為平矣。

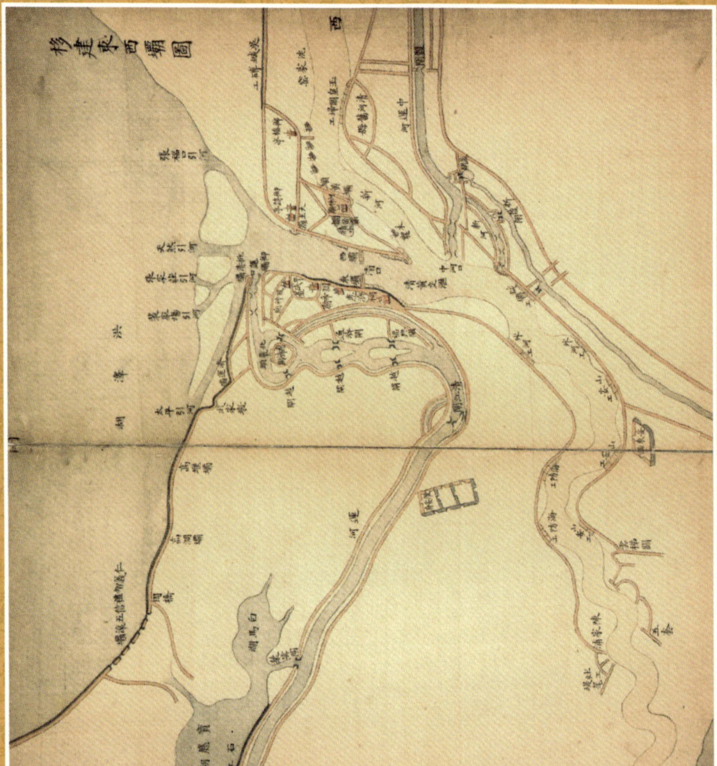

圖二十五：乾隆四十五年前後《黃運湖河全圖》之《移建東西壩圖》（新圖十九）

圖影來自於“數位方輿”，網址見http://digitalatlas.asdc.sinica.edu.tw/map_detail.jsp?id=A103000091，2017年4月26日。

乾隆四十五年前後《黃運湖河全圖》之《移建東西壩圖》圖說

《移建東西壩圖》作為《黃運湖河全圖》套圖之一，現藏於美國國會圖書館，絹本彩繪。圖幅集中繪製清口地區改建東西壩狀況，後附圖說，為薩載、李奉翰奏章，茲謄錄於下：

東西壩圖說

治淮即以治黃，清口實為湖河關鍵，清水有力遂足以敵黃，而來源不遠則其勢易緩，河口東、西壩對束湖水。迎蒙聖明指授機宜，視湖水之大小定拆展之限制，實為永遠遵守不易之章程。乾隆四十一年臣薩載奏請將清口東、西壩基址移下一百六十丈，在於平成臺處建築，使清水源遠流長，出口有力。嗣因西壩迤外，舊黃河內存有清水，內外相連，湖水出口至此不免散漫。復荷聖明指授，命於西壩迤下接築束水堤一道，俾清水直注歸海。四十四年臣薩載、臣李奉翰因清口壩外至陶莊新河尾清黃交匯處一帶，河身寬長，湖水至此，其力紆緩，又請將清口東、西壩再行移下二百九十丈，於惠濟祠前地方建築兩頭，各築三四十丈不等。如鐵心壩式，其口門水小之年，酌留十數丈或二十餘丈，以資收束，清水抵禦黃流；設遇大水之年，將壩工大加展寬，更可資其暢洩，兩岸束水堤工並可保護無虞。自是湖水出口益暢，抵黃更為得力矣。

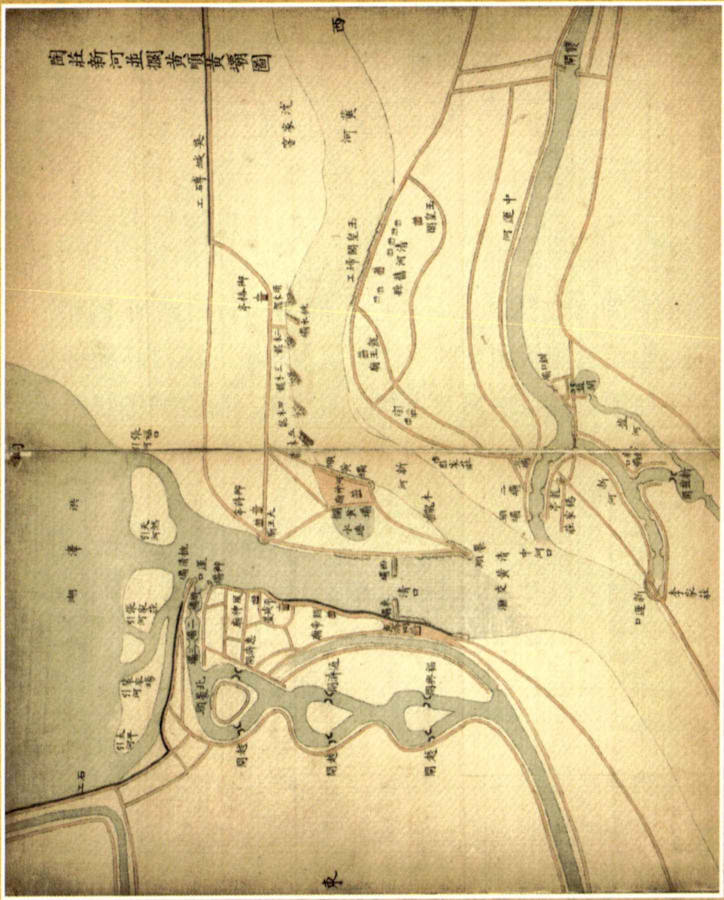

圖影來自於“數位方輿”，網址見http://digitalatlas.asdc.sinica.edu.tw/map_detail.jsp?id=A103000091，2017年4月26日。

圖二十六：乾隆四十五年前後《黃運湖河全圖》之《陶莊新河並攔黃順黃壩圖》（新圖二十）

乾隆四十五年前後《黃運湖河全圖》之《陶莊新河並攔黃順黃壩圖》圖說

《陶莊新河並攔黃順黃壩圖》同為《黃運湖河全圖》套圖之一，現藏於美國國會圖書館，絹本彩繪。圖幅詳細繪製乾隆四十五年挑寬陶莊引河及木龍、順黃壩、攔黃壩等狀況，圖后附有薩載《陶莊新河並攔黃順黃壩圖說》，為河臣薩載、高晉奏疏，茲謄錄於下：

陶莊新河並攔黃順黃壩圖說

河水至高家灣直趨而下，去清口甚近，易於倒灌而惠濟祠之埽工亦每受險。乾隆四十一年，臣薩載會同臣高晉奏稱西壩一帶逼近黃河，自建設木龍以來，挑溜東行，淤出灘面，自一百四五十丈至三百三四十丈不等，甚為有益。然遇黃水盛長之時，大溜直射惠濟祠，由祠前廻溜倒灌流入清口，此一帶雖經修有磨盤埽壩攔禦，而黃流勢盛，仍屬無濟。臣等今擬在於陶莊迤上積土之北，開挖引河一道至周家莊會清東注。俾清黃並流入海，既可越過惠濟祠、遠避清口倒灌之路，而周家莊迤下，兩岸灘面尚寬，離堤較遠，相距中河口門尚有三百五十丈，溜向東趨，形勢較順，引河挑竣，仍擬在於河頭對岸第三架木龍處做一挑水壩，挑溜全歸引河，更為有益。得旨擇吉興工並築挑水及攔水大壩，如期工竣而大局全定。四十二年臣薩載請將陶莊積土翻築堤工一道，從新壩根起直至河尾，以防漫灘水勢，並舊有縷、越堤工，請於越堤下尾接長以越作縷，俾資捍禦。於二月間奏進得旨，三月內臣薩載陛見面奉。

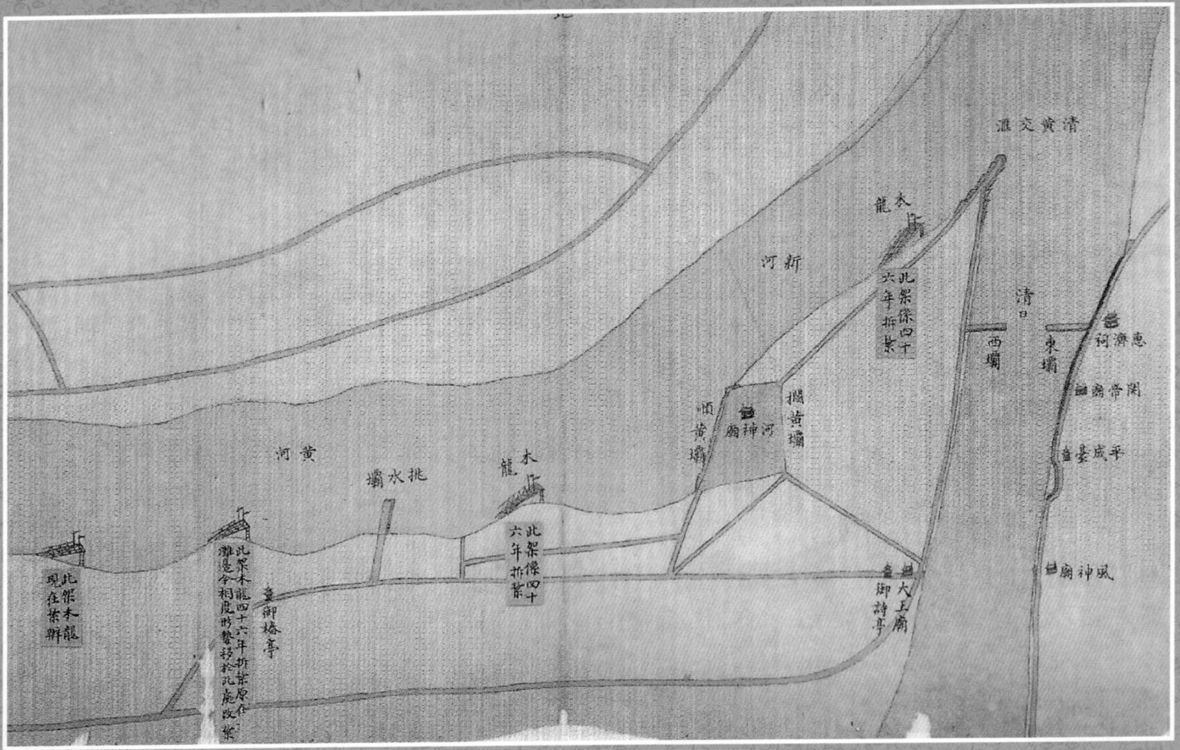

圖二十七：乾隆四十八年《清口木龍分別紮辦情形圖》河口圖（新圖二十一）

圖影來自於《水到渠成：院藏清代河工檔案輿圖特展》，第 119 頁。

乾隆四十八年《清口木龍分別紮辦情形圖》河口圖說

《清口木龍分別紮辦情形圖》現藏於台北“故宮博物院”，33cm×59.8cm。

該圖為江南河道總督李奉翰於乾隆四十八年（1783）奏折附圖。木龍設置始自乾隆初年，作用在於紓解清口地區黃河倒灌的危險。至乾隆四十六年（1781），河南青龍崗黃河潰決后，使得清口河道無水下注，挑水木龍枯置河灘、繩索鬆朽。因木龍造價昂貴，地方官員為避免木龍朽壞，乃拆置安放，以備將來黃河回歸故道后使用。乾隆四十八年初，黃河回歸故道後，經江南河道總督李奉翰勘察，河道形勢已異於前，乃請旨調整木龍位置，並繪圖貼說呈報。茲將貼說謄錄於下：

此架係四十六年拆紮

此架係四十六年拆紮

此架木龍四十六年拆築，原在□灘邊，今相度形勢，移於此處改紮。

此架木龍現在紮辦

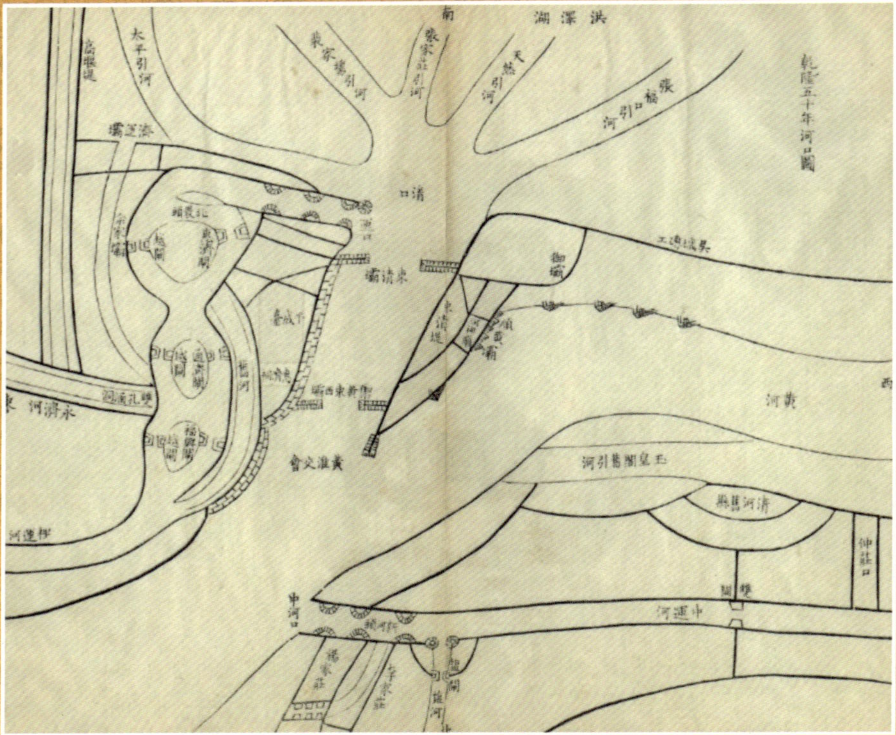

圖二十八：乾隆五十年河口圖（原圖七）

乾隆五十年河口圖説

乾隆四十二年，總河薩誠恪公議挑新河既成，四十三年，將攔黄壩、順黄壩中間水塘填平，從此二瀆劃分，清水出口直至彭家馬頭，始與黄滙，意從此可無倒灌。詎料伏秋異漲，又即淤墊阻漕。四十四年，又因清水過弱，接臨清束水堤尾起，至新河南岸堤尾止，築束水堤長六百九十二丈。又改建東、西束水壩於惠濟祠前，下移二百九十丈。四十六年，築東、西兜水壩於清口風神廟前，夏展冬接，旋因豫省青龍岡失事，黄河斷流。四十九年，河歸故道，南趨倒灌。五十年，清口竟為黄流所奪。

欽差阿文成公來江籌勘，議以清口之兜水壩與束清相宜，每年照舊拆築，改名束清壩，其舊有之東、西束水壩應再下移三百丈，於惠濟祠後、福神菴前建築，名禦黄壩。如遇黄水過大，將口門收窄，清水過大，將束清壩拆展，此壩亦一律展拓，並將東壩做長以擋黄水迴溜，西壩做短使清水直出抵黄。如此則外有東、西壩禦黄，内有兜水壩束清，無論水大水小之年，相機拆展收束，可期應手得力。垂今六十餘年，河尾淤灘漸長，清黄交會之處愈遠。雖因河底墊高，倒灌仍所不免，而清口西岸一帶，昔為黄溜經行之地，今則民居稠密，情形迥異矣。

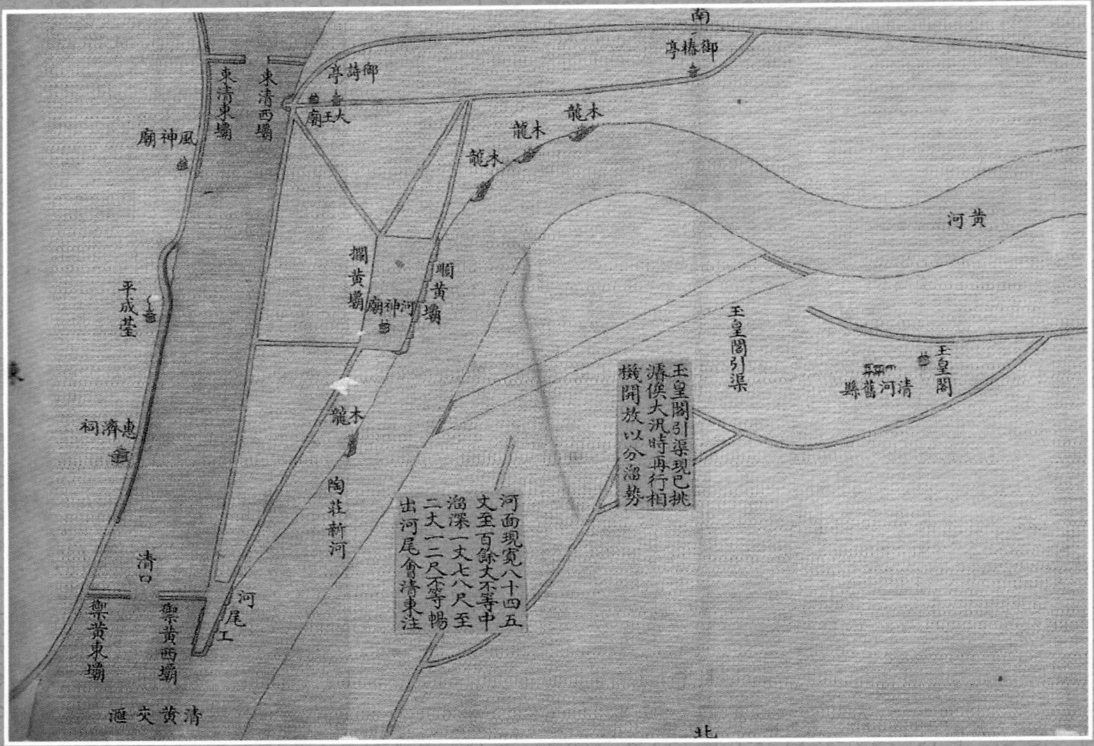

圖影來自於《水到渠成：院藏清代河工檔案輿圖特展》，第 57 頁。

圖二十九：乾隆五十四年《陶莊新河圖》河口圖（新圖二十二）

乾隆五十四年《陶莊新河圖》河口圖說

《陶莊新河圖》現藏於台北“故宮博物院”，32.6cm×58cm。

該圖為乾隆五十四年（1789）兩江總督書麟奏折附圖。是年書麟奉旨查勘陶莊引河狀況並繪圖呈報，圖中顯示陶莊引河疏導黃河，惠濟祠前防洪工程已經停止，圖中繪有玉皇閣引渠，該引渠為乾隆五十一年（1786）阿桂奏請修築。茲將貼說謄錄於下：

玉皇閣引渠現已挑濬，俟大汛時再行相機開放以分溜勢。

河面現寬八十四五丈至百餘丈不等，中溜深一丈七八尺至二丈一二尺不等，暢出河尾，會清東注。

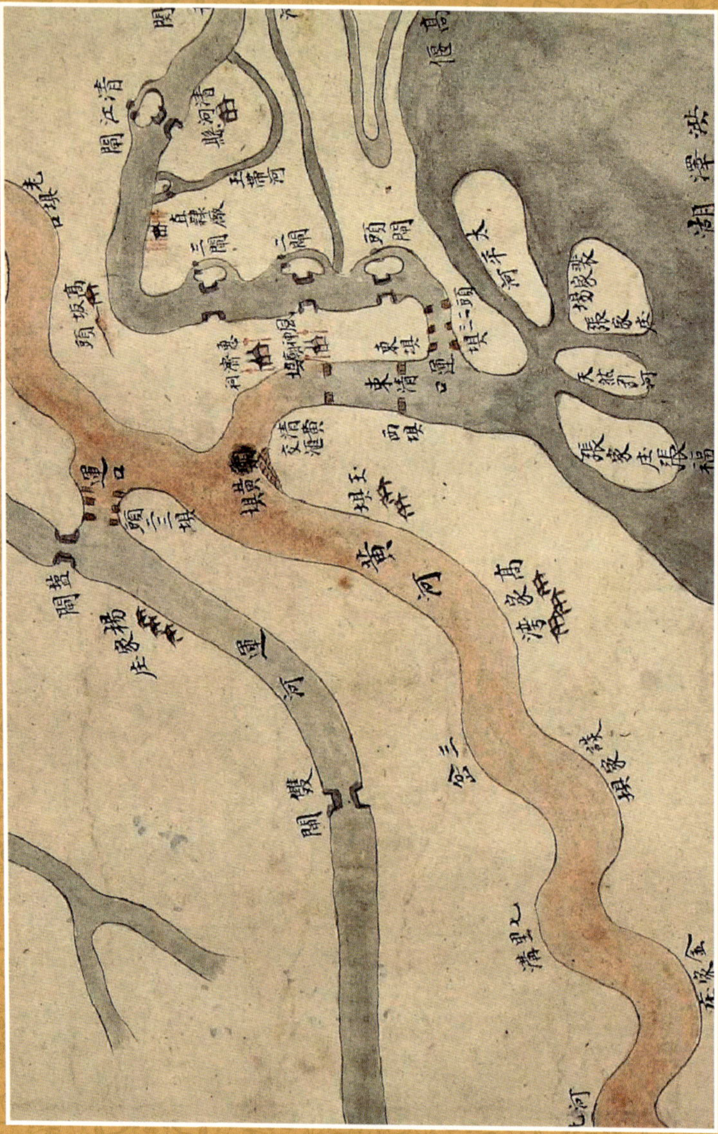

圖二十：乾隆後期《岳陽至長江入海及自江陰沿大運河至北京故宮水道彩色圖》河口圖（新圖二十三）

圖影來自於"世界数字圖書館"，網址見：https://www.wdl.org/zh/item/13531/#q=%E5%B2%B3%E9%98%B3&qla=zh，2017年4月26日。

乾隆後期《岳陽至長江入海及自江陰沿大運河至北京故宫水道彩色圖》河口圖説

《岳陽至長江入海及自江陰沿大運河至北京故宫水道彩色圖》現藏於中國國家圖書館，紙本彩繪，31cm×945cm。

該圖圖題為現代人書寫，根據繪製内容，定名為《全漕運道圖》應更切實。該圖將岳陽以下長江、大運河及淮安至徐州段的黄河均繪製在地圖上，圖中附有較多黄色貼簽，註記長江段水程、運道沿途閘壩名稱及間距，記録支流的源頭、湖泊面積等。

圖幅中已經出現乾隆五十年（1785）構築的“禦黄壩”，嘉慶年間的閘壩變化並未體現在該圖中，故而推測該圖表現年代應為乾隆五十年之後的乾隆後期。[1]

---

① 參見王耀《水道畫卷：清代京杭大運河輿圖研究》，第114—116頁。

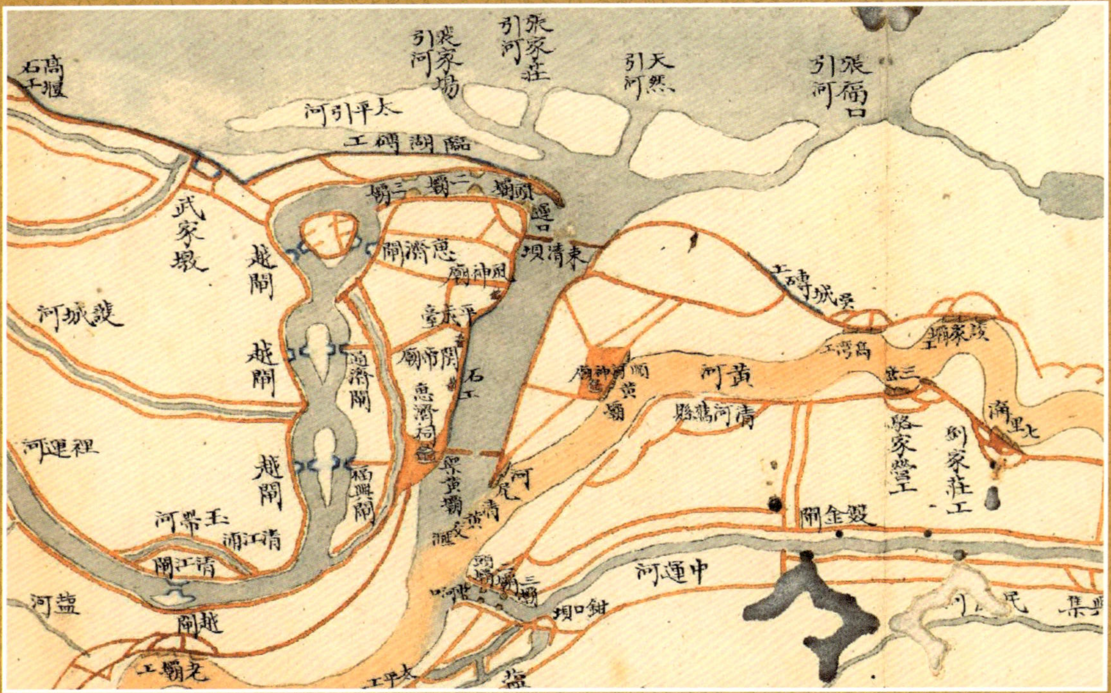

圖三十一：乾隆後期《南河黃運湖河蓄洩機宜圖說》之《黃運湖河總圖》河口圖（新圖二十四）

圖影來自於“世界數字圖書館”，網址見：https://www.wdl.org/zh/item/11388/#q=%E5%8D%97%E6%B2%B3%E9%BB%83%E9%81%8B%E6%B9%96%E6%B2%B3%E8%93%84%E6%B4%A9%E6%A9%9F%E5%AE%9C%E5%9C%96%E8%AA%AA，2017年4月26日。

乾隆後期《南河黃運湖河蓄洩機宜圖說》之《黃運湖河總圖》河口圖說

《南河黃運湖河蓄洩機宜圖說》現藏於台北“國家圖書館”，紙本彩繪。該圖為圖冊，經折裝，28.5cm×16cm，採一圖一說的形式，共計16幅地圖及圖說。

該圖鈐印有“嘉慶御覽之寶”硃文方印，曾經嘉慶皇帝御覽，為清宮舊藏。圖幅整體色澤自然、繪製清晰、標註準確、圖說翔實，具有較高準確性和史料價值。綜合各幅地圖繪製內容來看，並未發現嘉慶年間所築閘壩等，該圖表現年代應在乾隆五十四年（1789）至乾隆六十年（1795）。[1]

---

① 參見王耀《水道畫卷：清代京杭大運河輿圖研究》，第153—155頁。

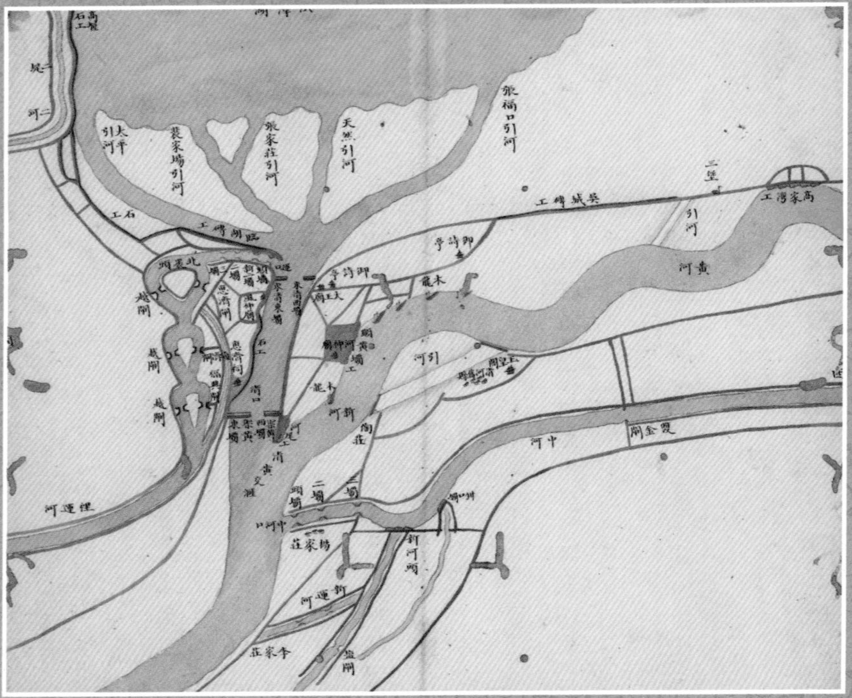

圖三十二：乾隆後期《南河黃運湖河蓄洩機宜圖說》之《清口圖》（新圖二十五）

圖影來自於“世界數字圖書館”，網址見：https://www.wdl.org/zh/item/11388/#q=%E5%8D%97%E6%B2%B3%E9%BB%83%E9%81%8B%E6%B9%96%E6%B2%B3%E8%93%84%E6%B4%A9%E6%A9%9F%E5%AE%9C%E5%9C%96%E8%AA%AA，2017 年 4 月 26 日。

乾隆後期《南河黃運湖河蓄洩機宜圖說》之《清口圖》圖說

《清口圖》為《南河黃運湖河蓄洩機宜圖說》套圖之一，現藏於台北“國家圖書館”。該圖大致表現年代應該為乾隆五十四年前後。其中“玉皇閣引河”為乾隆五十一年挑挖，可與圖二十九對照。

圖後附有圖說，詳盡敘述康熙年間清口地區修治狀況，尤其珍貴的是收錄有乾隆間河臣奏議，多為了解治河原委、進程等的第一手史料。茲謄錄於下：

清口為黃淮交滙之區，係二瀆節宣關鍵。康熙三十八年恭逢聖祖仁皇帝南巡，特授方畧，指釘一樁，建設御垻，挑溜北趨陶莊，俾黃淮順行交會。嗣因陶莊引河屢挑未成，御垻迤下之頭、二、三垻，時被沖刷，清口每有黃流倒灌之虞。乾隆五年前河臣高（斌）奏請建設木龍以挑黃溜，欽奉高宗純皇帝硃批“且試行之，俟再有效則甚美事也。欽此欽遵”。查自建設木龍以來，挑溜北趨，將頭、二、三垻險工淤閉，其陶莊積土漸次刷去。

乾隆十四年，前河臣高（斌）奏明木龍迤下添建順黃、束清等垻，俾灘上積淤漸堅。查乾隆五年原設木龍六架，嗣於乾隆十八年，五、六兩龍因漲沙日寬，已經淤廢，其四龍亦漸成淤，計尚存木龍三架，所有頭、二兩龍係二十一年重紮，三龍係二十年加紮。謹按木龍既可保護南岸新灘，又可挑刷北岸積土，現在遵行有益。(二十條原圖說)。

謹按乾隆五年臣高（斌）奏准於御垻添設木龍五架，挑溜北趨，以刷陶莊積土。十四年，又經添設。四十二年二月，臣薩（載）陛見時面奉諭旨，頭架木龍之上，應添紮木龍一架，臣薩（載）欽遵御筆圈示處所，將第三架拆起舊木，如式添建，長五十丈，於紮竣後奏聞。又查得頭架木龍龍尾起至二木龍頭，空檔長一百餘丈，相距較遠，挑溜恐難得力，請於中間再添一架，其陶莊新河南岸河崖自峙家莊對岸起，至河尾一帶，共長三百四十一丈，請將拆存舊木添紮三十丈長木龍一架，又於下首再添二十丈長木龍二架，分段安設，以資挑溜直刷北岸，而南岸河崖亦可永資保護矣。

再按禦黄東、西垻原建於西大王廟。乾隆四十一年，經臣高（晉）、臣薩（載）奏請移建於卞家汪後。四十四年，因開放陶莊引河，清口較遠。臣薩（載）、臣李（奉翰）奏請移建於惠濟祠前後。五十年，經臣阿（桂）會同臣書（麟）、臣李（奉翰）奏請移建祠後大營房迤下築做禦黄東、西兩壩，以資禦黄。每年秋末冬初，水落之際，東垻築長一百四十五丈，西垻接築長九十五丈，酌留口門寬十八丈。

再按河水至高家灣直趨而下，去清口甚近，易於倒灌，而惠濟祠之埽工，亦每受險。乾隆四十一年臣薩（載）會同臣高（晉）奏稱西垻一帶，逼近黄河，自建設木龍以來，挑溜東行，淤出灘面，自一百四五十丈至三百三四十丈不等，甚為有益。然遇黄水盛漲之時，大溜直射惠濟祠，由祠前廻溜倒灌流入清口一帶，雖經修有磨盤埽垻攔禦，而黄流勢盛，仍屬無濟。臣等今擬在於陶莊迤上積土之北，開挖引河一道至周家莊會黃東注，俾清黃並流入海，既可越過惠濟祠、遠避清口倒灌之路，而周家莊迤下兩岸灘面尚寬，離堤較遠，相距中河口門尚有三百五十丈，溜向東趨，形勢較順。引河挑浚，仍擬在於河頭對岸第三架木龍處做一挑水壩，挑溜全歸引河，更為有益。旨擇吉興工並築挑水及攔水大壩，如期工竣，而大局全定。

四十二年臣薩（載）又請將陶莊積土翻築堤工一道，從新壩根起，直至河尾，以防漫灘水勢，並舊有縷、越堤工，請於越堤下尾接長以越作縷，俾資捍禦，於二月間奏進得旨，三月內臣薩（載）陛見面奉。

諭旨清、黃界壩上首應加築壩工一道，以為重門保障，由是河流之南逼者，不致直到攔黃壩根。四十三年春間，臣薩（載）與臣高（晉）遵奉高宗純皇帝指示，將攔黃、順黃二壩空塘填平，續奉諭旨以所填止就河形寬窄而止，尚餘壩身一段，未經填塞，另於此內一律填土，又自界壩斜抵順黃壩尾添築撐堤一道。四十五年，臣阿（桂）路過蘇州傳旨令蘇藩吳壇隨抵清江，與薩（載）同至陶莊，將新河逐一相度勘量，現寬六十餘丈者，挑展十餘丈，不足六十丈者挑展二十餘丈，河勢通身寬展，偶有盛漲，亦可無虞。蓋自陶莊新河開成並築攔黃、順黃二壩，而黃水永無倒灌之虞。惠濟祠前向來最險之處，亦化險為平矣。

再按順黃壩上下原設木龍五架，乾隆五十五年因頭、四兩架淤灘漸長，不能得力。臣書（麟）、臣蘭奏明，另行移置改紮並將各架木龍纜扣鬆朽之處，一律加掛完整，以期挑溜開行。

再按外河自陶莊引河功成，溜勢順利，不復漾入清口。乾隆四十六年大學士公阿（桂）奏復河工圖內，於順黃壩南岸一帶御筆尖記敕令添築新堤一道，臣薩（載）、臣李（奉翰）勘籌確估并將御椿亭之西硃筆點記處所，請築磨盤大垻，先後相機□做，自新堤成而沿河即多一層保障，且河流順直於新河形勢有裨。自磨盤大垻成而河溜不致□進有碍，木龍既可保護南崖，又可挑溜東趨，寔為有益。

再按乾隆四十四年，豫省漫工未竣，一居伏秋黃水下注，勢必由淮入湖。高宗純皇帝思患預防，已令將東、西垻及早盡行展拓，以資暢流，尚恐湖水加長，特將諭旨令於他處別籌分洩，如高家灣一帶，並歸仁堤左□，俱經上廑宸衷，臣高（晉）、臣薩（載）徧行相度，高家灣迤下吳城磚工迤上三堡地方，堤外有灘，離黃河邊計寬二百九十餘丈，測量湖內灘水高於河內，積水三尺七寸。若由此分洩則洪湖自可多一分去路，但豫省漫水，由淮入湖，原屬偶然之事，今開放黃河堤工分洩，只可為權宜之計，既不便過寬，亦可毋庸建設閘垻，擬將堤工挖寬二十丈，兩頭用料裹護，中以竹絡鋪底，以免跌塘，外挖引渠形如倒勾，達於河內，暫資分洩。上游豫工一有合龍之信，該處即應堵閉。如此籌辦，即使黃水下注，湖水盛長，亦可稍資分洩，是亦補偏救弊之一法爾。

再按玉皇閣開挑引河，原因黃河坐灣，大溜逼向南崖，直抵順黃垻工，甚為喫重，水勢紆折、流行不暢。乾隆五十一年，經大學士公阿（桂）勘明自玉皇閣下於迎溜處抽挑引河一道，俾黃流從此直注歸入陶莊新河，東注會清，形勢徑捷，計挑河長七百六十二丈，河頭寬六十丈，河身、河尾寬四十丈，深八尺至一丈八尺不等。臣薩（載）、臣李（奉翰）奏請興挑，工成大汛開放分溜，順黃垻埽工得以輕緩無虞。五十四年，因洩水落停淤，復行疏治並築兜水垻工。又經臣蘭奏明辦理，仍俟汛水盛漲，相機開放。

再按五十三年，外河汛黃，河南岸陳家莊新做埽工溜向南趨，直逼該工，勢甚險要。五十四年，河臣李（奉翰）臨工勘度，奏請在於工頭估築木龍一架，挑開溜勢，使其不致□進、多生工段。五十五年督臣書（麟）、河臣蘭復行勘度，因該工溜勢上提，恐致接生埽段，應加築挑水壩，相機摟護，俾下游輕緩。

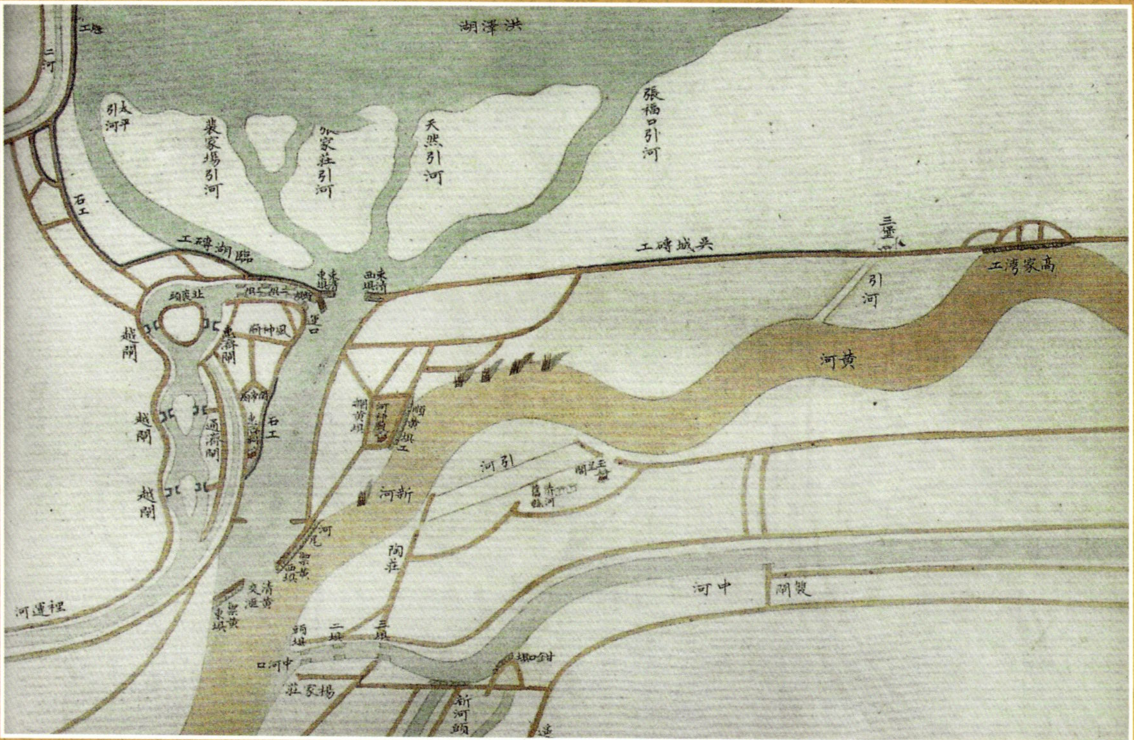

圖三十三：嘉慶九年前後《黃運湖河庚子圖說》之《清口圖》（新圖二十六）

圖影來自於孫靖國《輿圖指要：中國科學院圖書館藏中國古地圖敘錄》，中國地圖出版社2012年版，第270頁。

嘉慶九年前後《黄運湖河庚子圖說》之《清口圖》圖說

《黄運湖河庚子圖說》現藏於中國科學院圖書館，紙本彩繪，共兩册，經折裝，每折26.9cm×16.6cm。《清口圖》為套圖之一。

該圖與圖三十二相比，最大不同體現在“束清東壩”“束清西壩”的位置上，圖三十三中，兩壩已移至運口以南，事見《嘉慶十三年河口圖說》記載，“嘉慶九年，尚書姜公晟、河東總河徐公瑞會同總督鐵公保、總河吳公璥通籌全局，又將束清壩移建於頭壩之南湖水會出之處，築東、西兩壩，每年相機展束”，可知圖幅中清口地帶應在嘉慶九年前後。

除此之外，該圖基本體現的是乾隆後期清口狀況，即圖題“庚子”年（乾隆四十五年）（1780）的情況。如孫靖國研究指出，“從內容和形式判斷，此圖卷是嘉慶年間之人在乾隆年間高斌所繪的《南河圖說》及高晉、薩載繪製的《黄運湖河全圖說》的基礎上摹繪而成的”[1]，圖幅中主要體現的仍舊是乾隆四十五年前後的狀況。

該圖與台北“國家圖書館”藏《南河黄運湖河蓄洩機宜圖

① 孫靖國：《輿圖指要：中國科學院圖書館藏中國古地圖敘錄》，第237頁。

說》（如圖三十一、圖三十二）同樣存在關聯關係，或者有相同的摹繪來源。該圖所附《清口圖說》同樣為乾隆年間河臣奏議，記述治河原委、進程等，比對內容，與圖三十二中所附圖說一致。

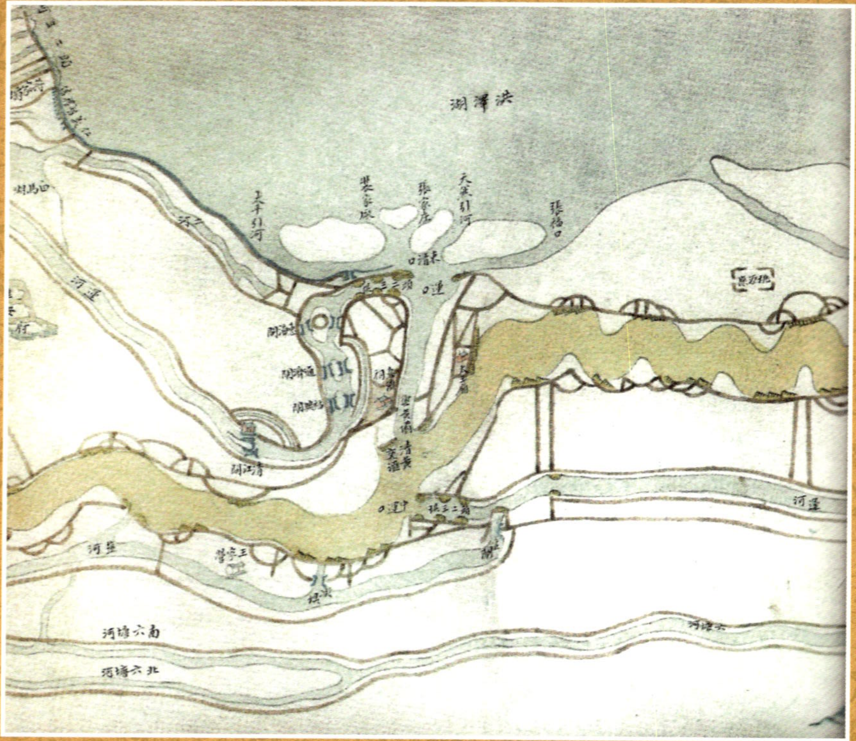

圖三十四：嘉慶九年前後《黃河圖》河口圖（新圖二十七）

圖影來自於孫靖國《輿圖指要：中國科學院圖書館藏中國古地圖敘錄》，第229頁。

嘉慶九年前後《黄河圖》河口圖説

《黄河圖》現藏於中國科學院圖書館，紙本彩繪，經折裝，每折 31. 5cm × 17. 5cm。

圖幅方位並不固定，始終以黄河右岸為上方。圖幅起自星宿海、昆崙山等地，卷尾至黄河入海口止，描繪了黄河沿線的山嶺、河渠、湖泊、城鎮、長城、關隘等地物。圖幅對於河南以下河段繪製翔實，勾勒沿線堤防、埽壩、堡工等，尤為詳盡地繪畫黄運交滙清口地區。①

圖三十四中“東清壩”已經移至運口以南，事見《嘉慶十三年河口圖説》記載，“嘉慶九年，尚書姜公晟、河東總河徐公瑞會同總督鐵公保、總河吳公璥通籌全局，又將東清壩移建於頭壩之南湖水會出之處，築東、西兩壩，每年相機展束”，可知圖幅中清口地帶應在嘉慶九年前後。

① 參見孫靖國《輿圖指要：中國科學院圖書館藏中國古地圖敘錄》，第 228 頁。

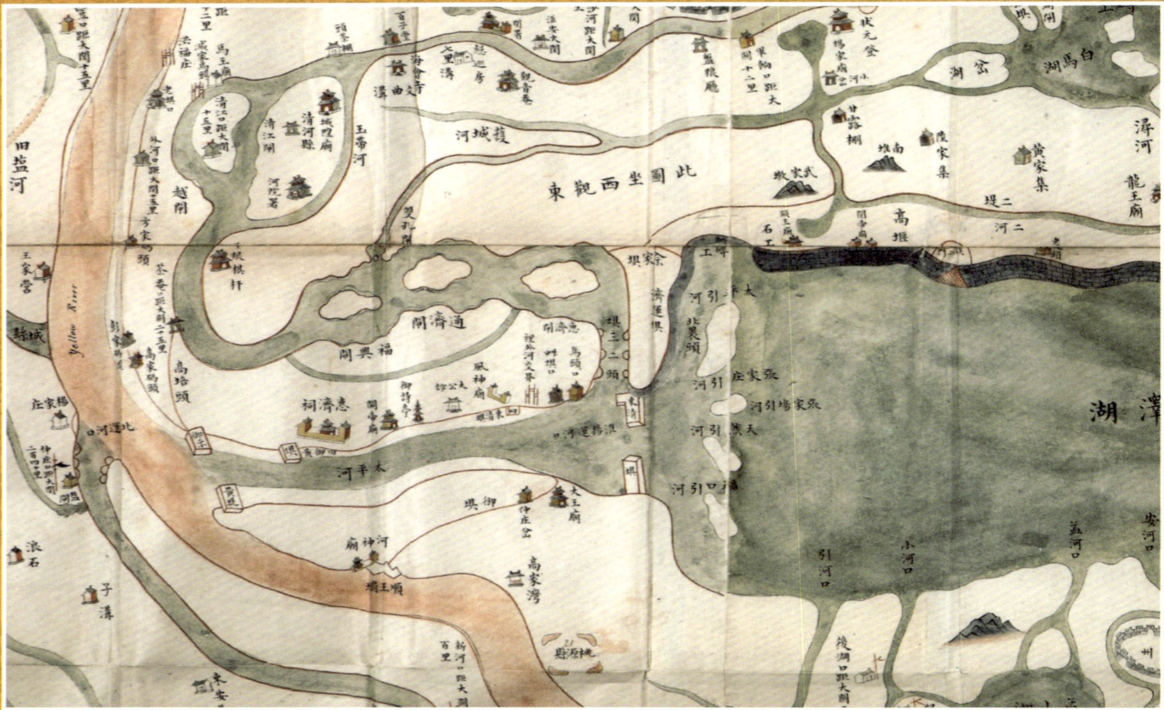

圖三十五：嘉慶九年前後《淮揚水道圖》河口圖（新圖二十八）

圖影來自於“數位方輿”，網址見：http://digitalatlas.asdc.sinica.edu.tw/map_detail.jsp?id=A104000044，2017年4月28日。

嘉慶九年前後《淮揚水道圖》河口圖說

《淮揚水道圖》現藏於大英圖書館（The British Library），紙本彩繪，101cm×80cm。

圖中註記方位為上東下西、左北右南。全圖主要繪製長江下游與黃河下游之間的河湖狀況，對於洪澤湖、運河及周邊水道的各項工程繪製尤為詳細。

圖三十五中“東清壩”已經移至運口以南，其事在嘉慶九年；“舊御黃壩”與“御黃壩”之標註又與《嘉慶十三年河口圖說》記載一致：“又於禦黃壩下三百八十丈高家馬頭西岸河尾，斜築挑壩，挑黃北趨，兼遏倒漾，東岸亦築壩與西岸相望，名新禦黃壩”，此圖中尚存新舊之分，可見圖幅內容當與嘉慶九年改移御黃壩的時間相距未遠。

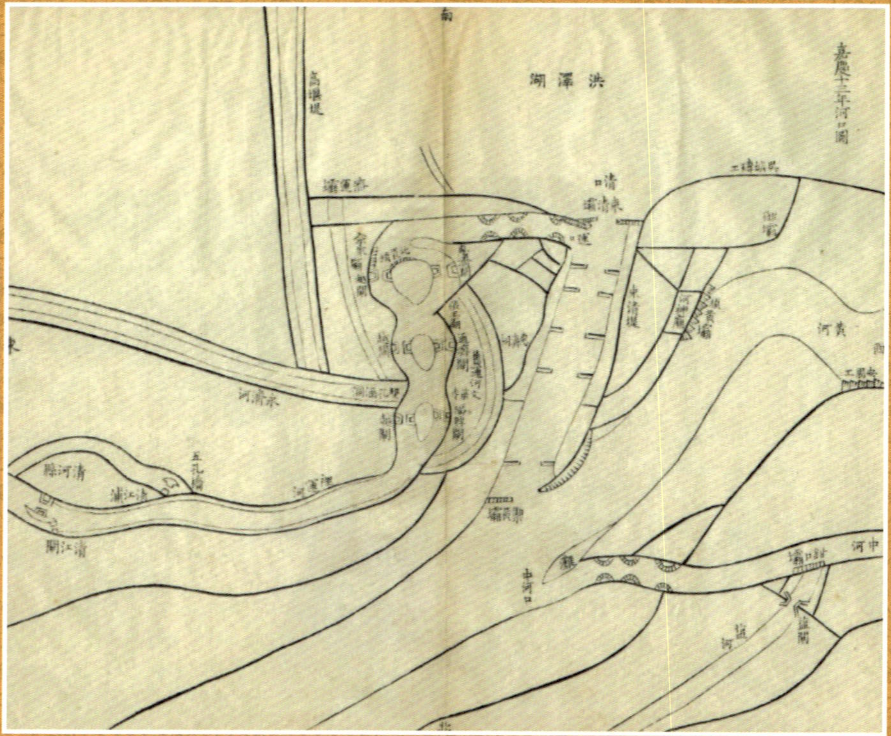

圖三十六：嘉慶十三年河口圖（原圖八）

嘉慶十三年河口圖說

乾隆五十年後，河口情形無所更易，而每遇汛漲，上游輒啓毛城鋪、天然閘、峰山四閘，祥符、五瑞二閘，謂減黄助清為得計。而下游河底墊高，實已暗受其病。遂至嘉慶年間，先上後下，潰決頻仍。黄強則倒灌以淤湖運，兩力相抵則淺阻空重運行，百計籌措，每形棘手。嘉慶九年，尚書姜公晟、河東總河徐公瑞會同總督鐵公保、總河吴公璥通籌全局，又將東清壩移建於頭壩之南湖水會出之處，築東、西兩壩，每年相機展束。又於禦黄壩下三百八十丈高家馬頭西岸河尾，斜築挑壩，挑黄北趨，兼遏倒漾，東岸亦築壩與西岸相望，名新御黄壩。兩壩共長三百丈，每年以時拆築，黄水過大亦有時堵閉。十三年，湖河並漲，六月風暴，掣通臨湖堤二段，在運口三南壩之後，遂於臨湖築柴土圈堰一道，長四百七丈，外以碎石包護。二十年至道光元年，又接前，南至裡堰交界，北至東清壩尾，砌碎石坦坡於磚工之外，長一千六十四丈。

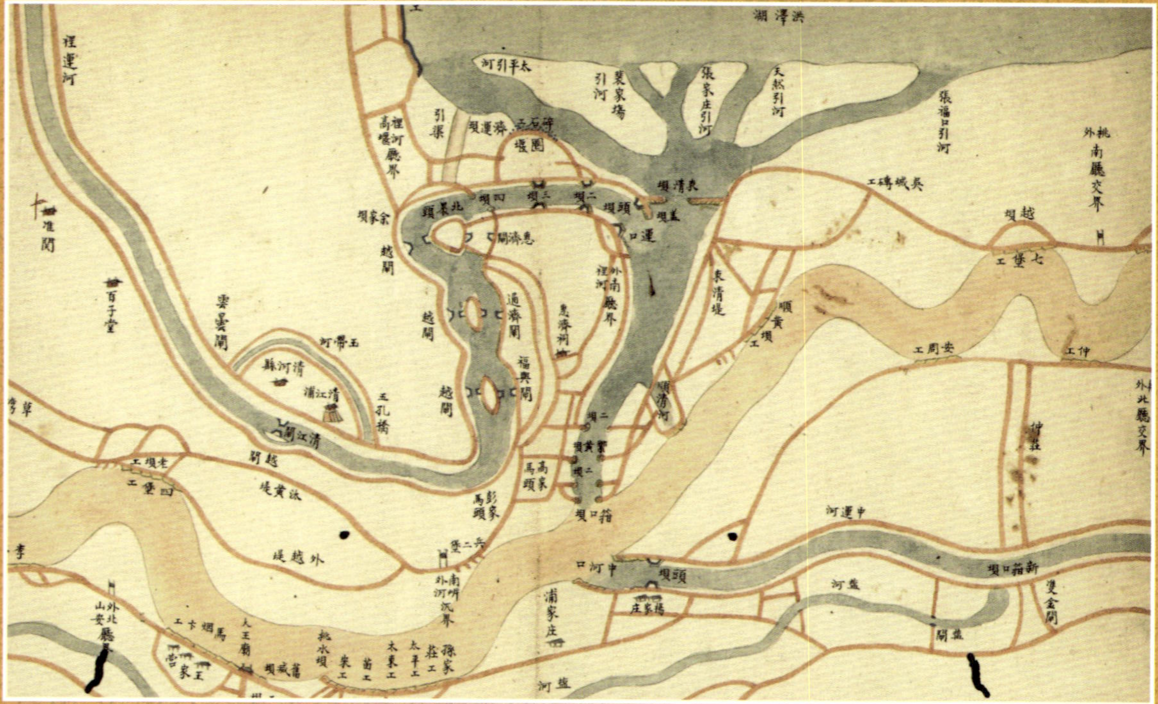

圖三十七：道光五年前後《六省黃河埽壩河道全圖》河口圖（新圖二十九）

圖影來自於“數位方輿”，網址見：http://digitalatlas.asdc.sinica.edu.tw/map_detail.jsp?id=A103000106，2017年4月26日。

道光五年前後《六省黃河埽壩河道全圖》河口圖説

《六省黃河埽壩河道全圖》現藏於美國國會圖書館，紙本彩繪，卷軸裝，27cm×875cm。

該圖中“東清壩”與圖三十六一致，均已經南移到運口以南，可知圖幅中清口地帶應在嘉慶九年後。而據《道光七年河口圖説》載：“五年春，借黃濟運，將新禦黃壩幫寬收窄，壩外又接東、西縴堤，建鉗口壩二於西堤，乃重漕渡。”在圖三十七中黃、運交滙處建有“箝口壩”，之後所建“攔黃堰”等在《道光七年河口圖》中有，而該圖中無。綜合而言，推測該圖大致反映的應該是道光五年前後的河口狀況。

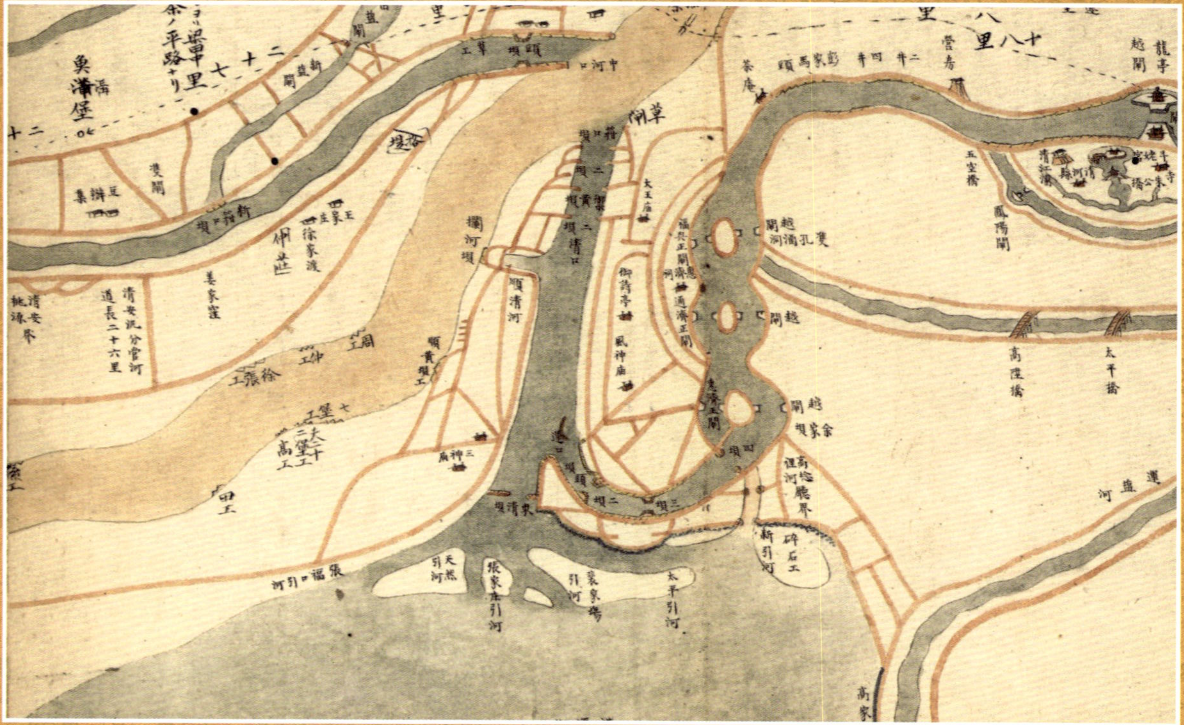

圖三十八：道光五年前後《四省運河水利泉源河道全圖》河口圖（新圖三十）

圖影來自於“數位方與”，網址見：http://digitalatlas.asdc.sinica.edu.tw/map_detail.jsp?id=A103000087，2017年4月26日。

道光五年前後《四省運河水利泉源河道全圖》河口圖説

《四省運河水利泉源河道全圖》現藏於美國國會圖書館，紙本彩繪，27cm × 845cm。

該圖與圖三十七方向相反，但據其中“束清壩”與“箝口壩”位置，與圖三十七相同，應該同樣反映的是道光五年前後的河口狀況。

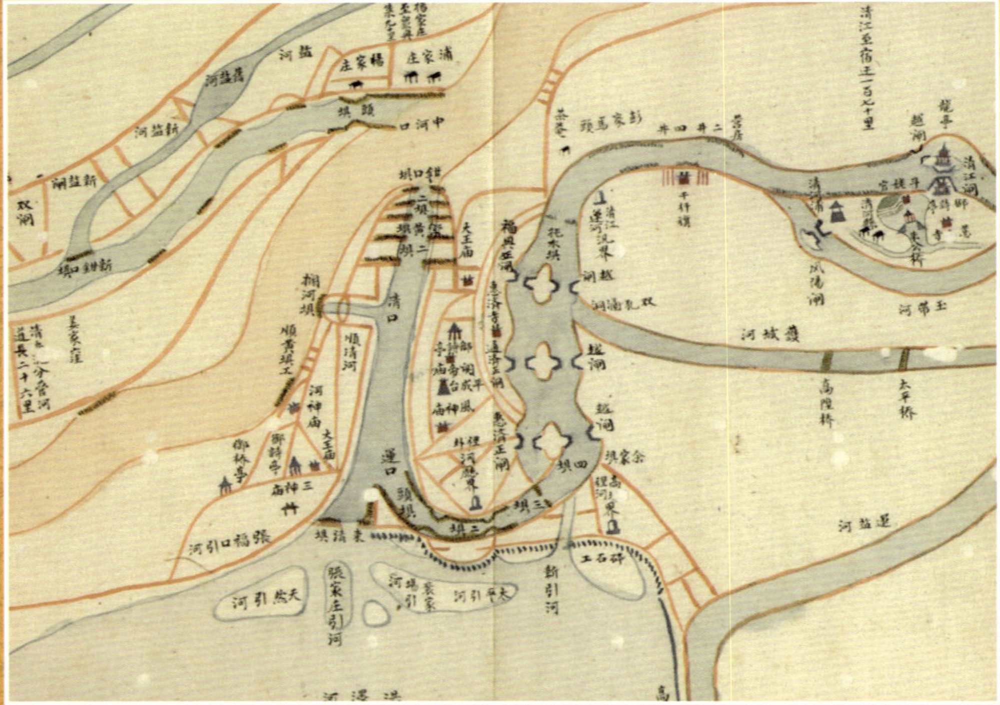

圖三十九：道光五年前後《江蘇至北京運河全圖》河口圖（新圖三十一）

圖影來自於“世界數字圖書館”，網址見：https://www.wdl.org/zh/item/7097/view/1/4/，2017 年 4 月 26 日。

道光五年前後《江蘇至北京運河全圖》河口圖說

《江蘇至北京運河全圖》現藏於台北“國家圖書館”，經折裝，24.1cm×13cm，共21折。

該圖反映年代與圖三十七、圖三十八應該一致，因為其中“東清垻”“鉗口垻”位置在三幅地圖中相同，故而推測其表現年代同樣為道光五年前後。

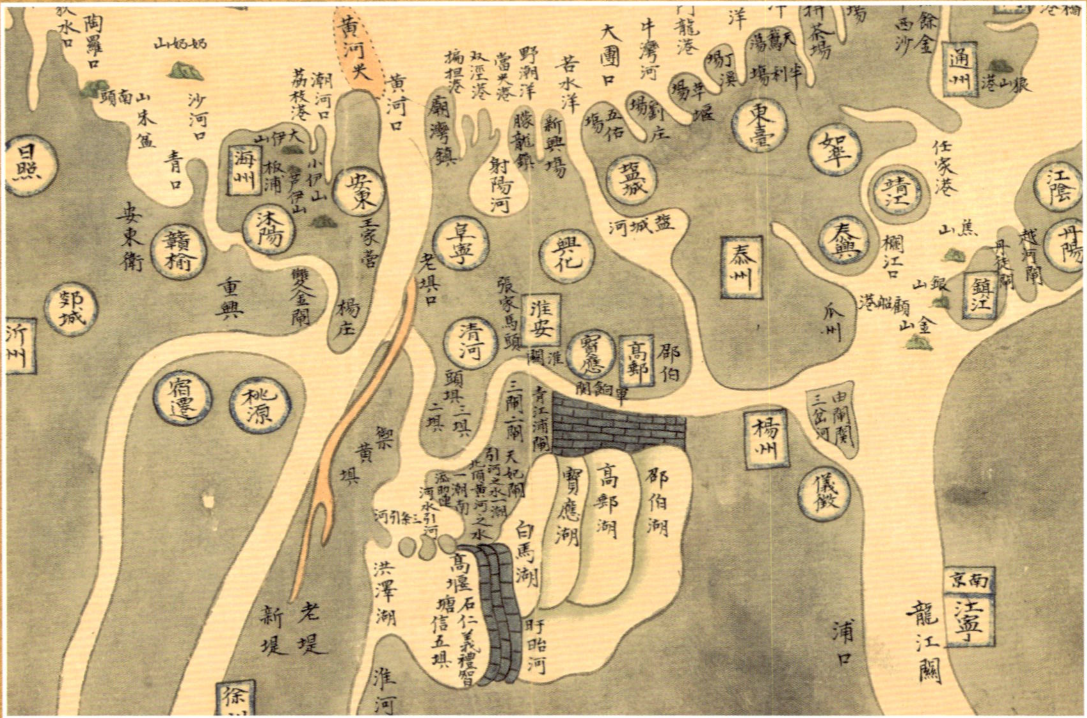

圖四十：道光六年《江海全圖》河口圖（新圖三十二）

圖影來自於“數位方輿”，網址見：http://digitalatlas.asdc.sinica.edu.tw/map_detail.jsp?id=A103000136，2017年4月27日。

道光六年《江海全圖》河口圖説

《江海全圖》現藏於美國國會圖書館，紙本彩繪，長卷裱裝，84cm×134cm。

該圖在性質上屬於海圖，方位以東為上，圖幅中陸地在下、海洋在上。地圖右邊起自寧波、鎮海、定海一帶，沿海北上繪製上海、常熟等長江入海口，再北表現黄河入海口及其南北密佈的沙洲，至山東半島則詳細標註沿海島礁、河口等，再北至渤海灣及遼東半島則同樣以標註沿海島礁、河口為主。

相對而言，因為繪製主題的緣故，該圖對於陸地上地物繪製較為粗疏，主要是示意性標註沿海府州建置，但是選擇性地重點繪製了洪澤湖及黄運交滙地區的河工狀況。雖然繪製比例失調，準確度不高，但其中一條長長的“禦黄壩”堵在了清口的黄運交滙處，著實顯眼。據《乾隆五十年河口圖説》載“五十年，清口竟為黄流所奪……於惠濟祠後福神菴前建築，名禦黄壩，如遇黄水過大，將口門收窄”，可見“禦黄壩”始建於乾隆五十年（1785）；至嘉慶九年（1804）築新御黄壩，“每年以時拆築，黄水過大，亦有時堵閉”（見《嘉慶十三年河口圖説》），同時結合該圖性質及道光六年因為漕運梗阻而行海運的史實，推測該圖反映的正是道光六年漕糧海運之事。[1]

《道光七年河口圖說》中提及，“道光四年，高堰失事，湖水洩枯。五年春，借黃濟運，將新禦黃壩幫寬收窄，壩外又接東、西縴堤，建鉗口壩二於西堤，乃重漕渡。未及半，河口至清江一帶河道淤淺，膠舟因將未渡糧米剝運赴通。六年，將蘇、松、常、鎮、太四府一州之糧，改由海運江北，浙江、江廣之糧運至禦黃壩，剝交上年回空停泊中河之船運通，幸得無悮”。圖四十恰恰是反映這一史實的極少見的古地圖史料。

① 參見王耀《〈江海全圖〉與道光朝海運航路研究》，待刊稿。

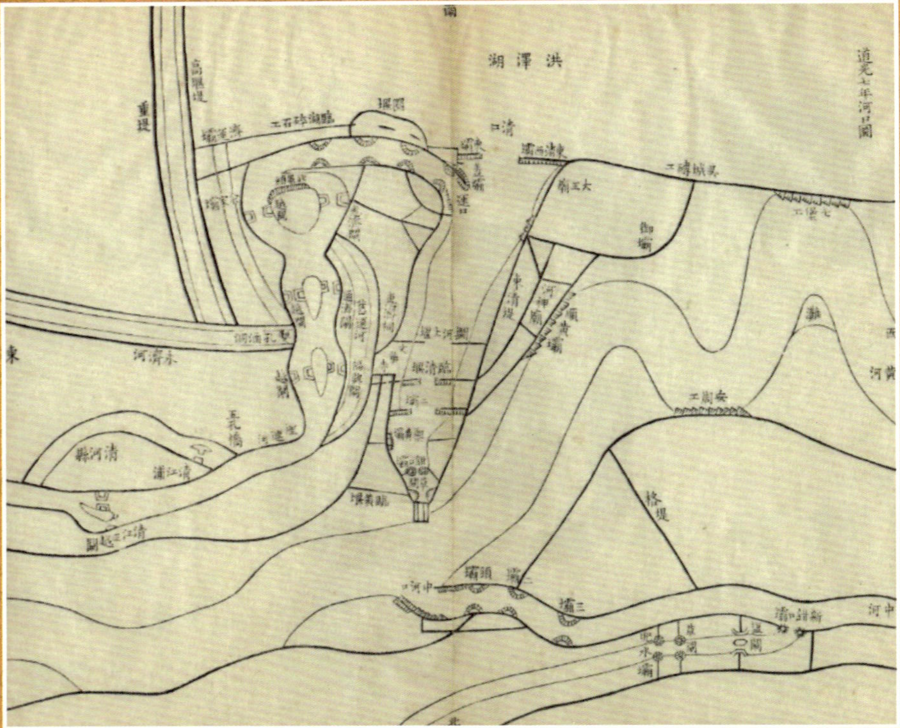

圖四十一：道光七年河口圖（原圖九）

道光七年河口圖説

嘉慶十三年異漲後，河口漫溢，閘壩淤塞，情形又一變。十六年，於高家馬頭新壩之南一百九十丈，添築二壩一道，長一百三十丈四尺。二十二年，因新禦黄壩口門水深八丈，收束不易，乃就二壩展束。或有時堵閉，其新禦黄壩盤住兩頭，以為外護，留口門寬六十丈。道光四年，高堰失事，湖水洩枯。五年春，借黄濟運，將新禦黄壩幫寬收窄，壩外又接東、西縴堤，建鉗口壩二於西堤，乃重漕渡。未及半，河口至清江一帶河道淤淺，膠舟因將未渡糧米剝運赴通。六年，將蘇、松、常、鎮、太四府一州之糧，改由海運江北，浙江、江廣之糧運至禦黄壩，剝交上年回空停泊中河之船運通，幸得無悮，而勞力傷財終非久計。總督琦公善、總河張公井、潘公錫恩，博採眾議，創為灌塘之法，於新禦黄壩外築東、西縴堤，在新生灘上。就鉗口壩處建草壩一座以為運口。閘外淺灘兩岸又築堰戧，中建土壩曰攔黄堰。又於迤南築鉗口壩曰攔清堰，壩閘中間之河曰塘河。重漕渡黄時，黄高於清則堵草閘並閘外土堰，挽重運進塘，先堵攔清堰，即啓攔黄堰閘，黄水頃刻淌平，重船啣尾出閘。渡黄如此，輪轉灌放，約八日即竣一塘，空重相循，雖亦借黄濟運，而黄水入塘即澄，毫無泥沙入湖入運，此即水中築堰取土及閘河扚板、套塘、行舟之意。然法雖備而是否能行，皆難意必。乃又議放王營減壩，令黃水暫爾旁行，冀可落低河面六尺，為大挑清江以下黃河之計。距料七年三月減壩將次合龍啓放，黃河流行不暢，依然黃高於清，祇得行灌塘之法，匝月渡竣，空運因之。

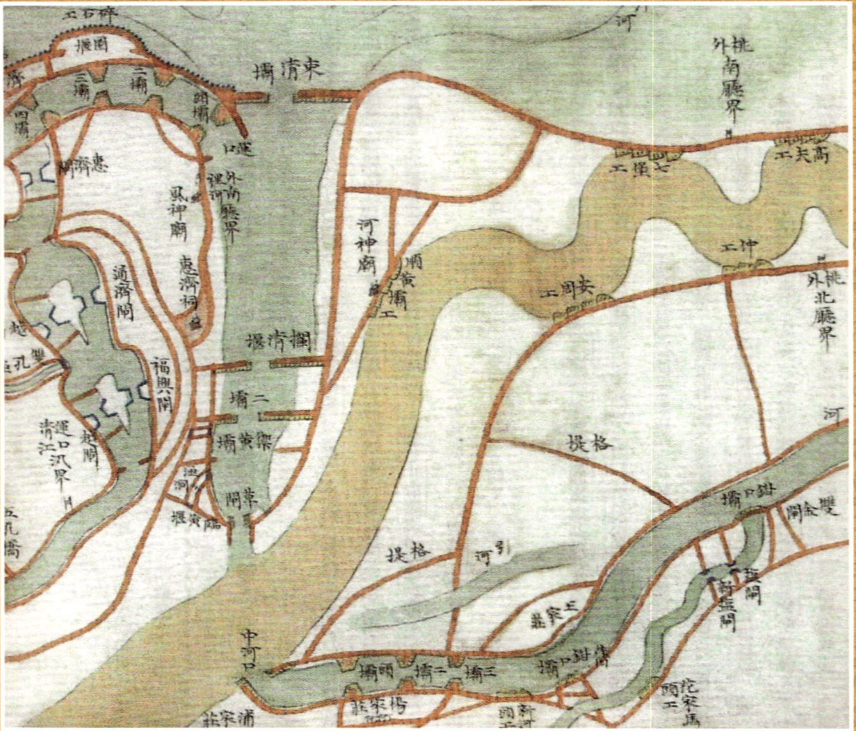

圖四十二：道光十五年前後《直隸山東江南運河各廳歸江全圖》河口圖（新圖三十三）

圖影來自於孫靖國《輿圖指要：中國科學院圖書館藏中國古地圖敘錄》，第 287 頁。

道光十五年前後《直隸山東江南運河各廳歸江全圖》河口圖說

《直隸山東江南運河各廳歸江全圖》現藏於中國科學院圖書館，紙本彩繪，經折裝，共 24 折，每折 21. 5cm × 10. 5cm。圖幅卷首起自居庸關長城，卷尾至鎮江府以南的徒陽運河段為止，中間部分河段缺失。[①]

該圖對於清口地區的閘壩、引河等繪製尤為詳盡，據《嘉慶十三年河口圖說》，嘉慶九年“束清壩”移至運口以南，圖中清晰標繪。據《道光七年河口圖說》，“草閘”為道光六年新創，已在圖四十二中繪出。另據《道光十八年河口圖說》載：“且慮清黄相平，草閘底淤不能刷跌，乃於東岸逼近窑汪處所，建涵洞一座，為洩水落低之計。十五年，又各添建一座，以期收効之速。”可見，首個“涵洞”建於道光十年，後於道光十五年添建。參之圖四十四，在“窑汪”南北各有“涵洞”一處，圖四十二中雖僅標註一處“涵洞”，但從相應位置圖例來看，是存在另一處涵洞的。因此，該圖大致反映的是道光十五年前後的清口狀況。

---

① 參見孫靖國《輿圖指要：中國科學院圖書館藏中國古地圖敘錄》，第 286 頁。

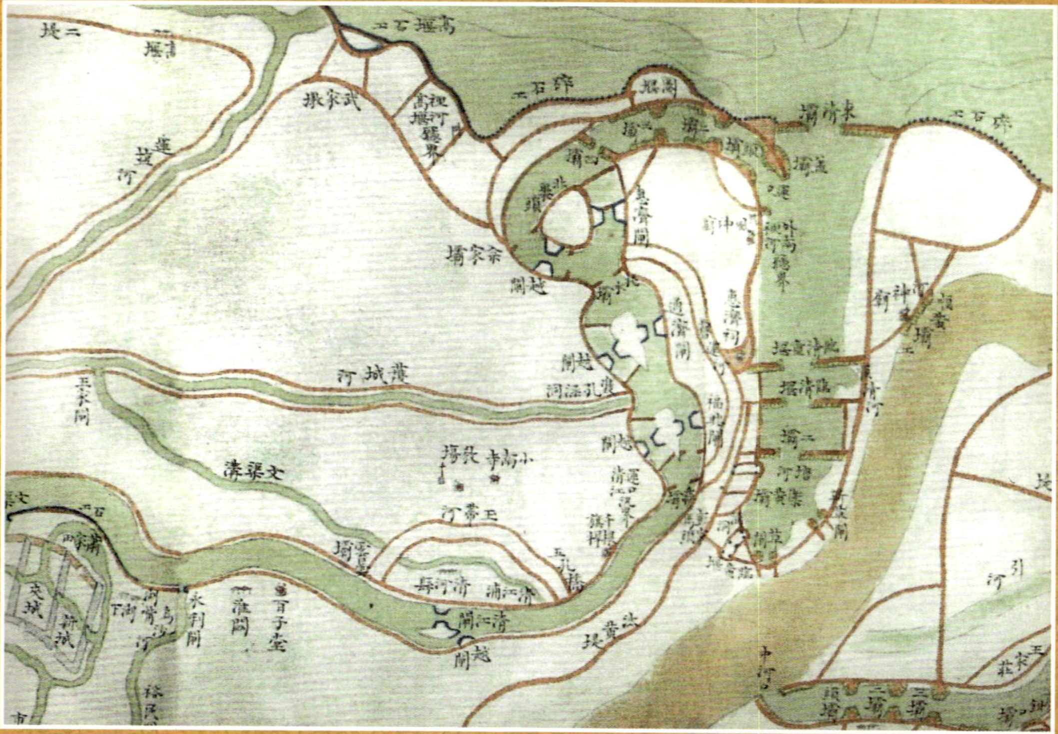

圖四十三：道光十五年前後《運河來水歸江全圖》河口圖（新圖三十四）

圖影來自於孫靖國《輿圖指要：中國科學院圖書館藏中國古地圖敘錄》，第 278 頁。

道光十五年前後《運河來水歸江全圖》河口圖說

《運河來水歸江全圖》現藏於中國科學院圖書館，紙本彩繪，經折裝，共 48 折，每折 23cm × 11. 2cm。

該圖圖卷起自八達嶺長城，至鎮江府以南的丹徒運河段為止，主要繪製運道沿線的城鎮、村落、山脈、河流、湖泊及運河閘壩、涵洞等。①

該圖對於清口地區的閘壩、引河等繪製與圖四十二基本一致，據“窑汪”附近的兩處“涵洞”，亦可判定表現年代為道光十五年前後。而圖四十三的“臨清堰”以南新繪“臨清重堰”，據《道光十八年河口圖說》載，“十六年，又重建草閘並隨時添做馬牙、蟹鉗等壩，益臻周備。又於臨清堰內添築鉗口壩，以為重障”，兩相對照，圖中新繪“臨清重堰”應該為圖說中所言“鉗口壩”。故而，該圖反映年代應該略晚於圖四十二。

---

① 參見孫靖國《輿圖指要：中國科學院圖書館藏中國古地圖敘錄》，第 274 頁。

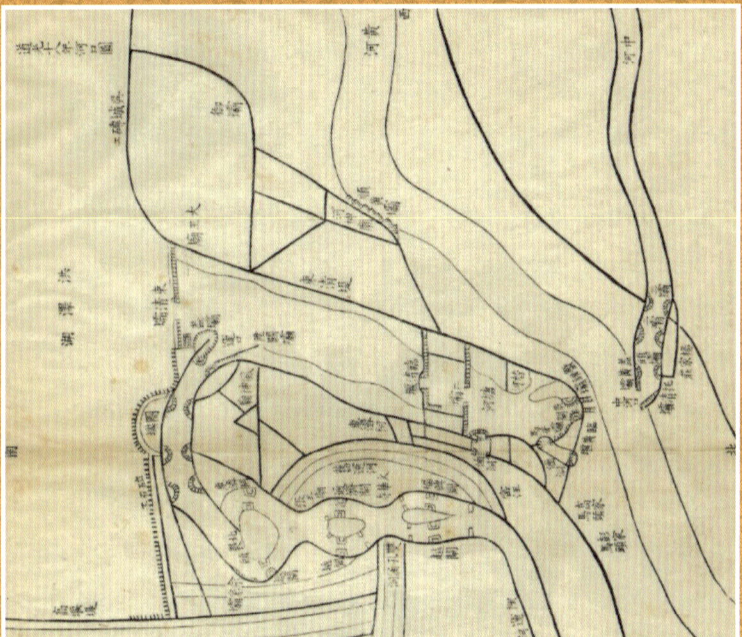

圖四十四：道光十八年河口圖（原圖十）

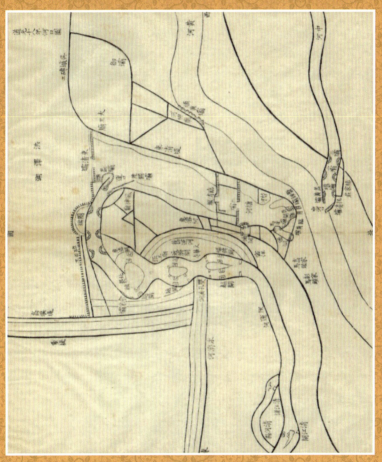

道光十八年河口圖說

自道光七年至今，運口情形均無更易，惟該年空重兩運，俱用灌塘之法。八、九兩年循照經理，復慮塘內帆檣櫛比，火燭堪虞。十年又於塘內添挑一河，名曰替河，以備互相灌放。且慮清黃相平，草閘底淤不能刷跌，乃於東岸逼近窑汪處所，建涵洞一座，為洩水落低之計。又慮黃水過高不敢啓放，乃於草閘東偏建涵洞一座，為引黃抬水之計。十五年，又各添建一座，以期收効之速。蓋向之蓄洩塘水，每時可得一寸，今則倍之。十六年，又重建草閘並隨時添做馬牙、蟹鉗等壩，益臻周備。又於臨清堰內添築鉗口壩，以為重障。空運往還十有餘載，官丁嫻習。起初每塘止灌四五百船，今則可灌一千二三百隻。重運患在夏至水漲澄淤，回空患在冬至大河淌凌。如果船來不逾二至，竟可經久。蓋不慮灌放之有所稽遲，轉慮後船之不能銜接矣。

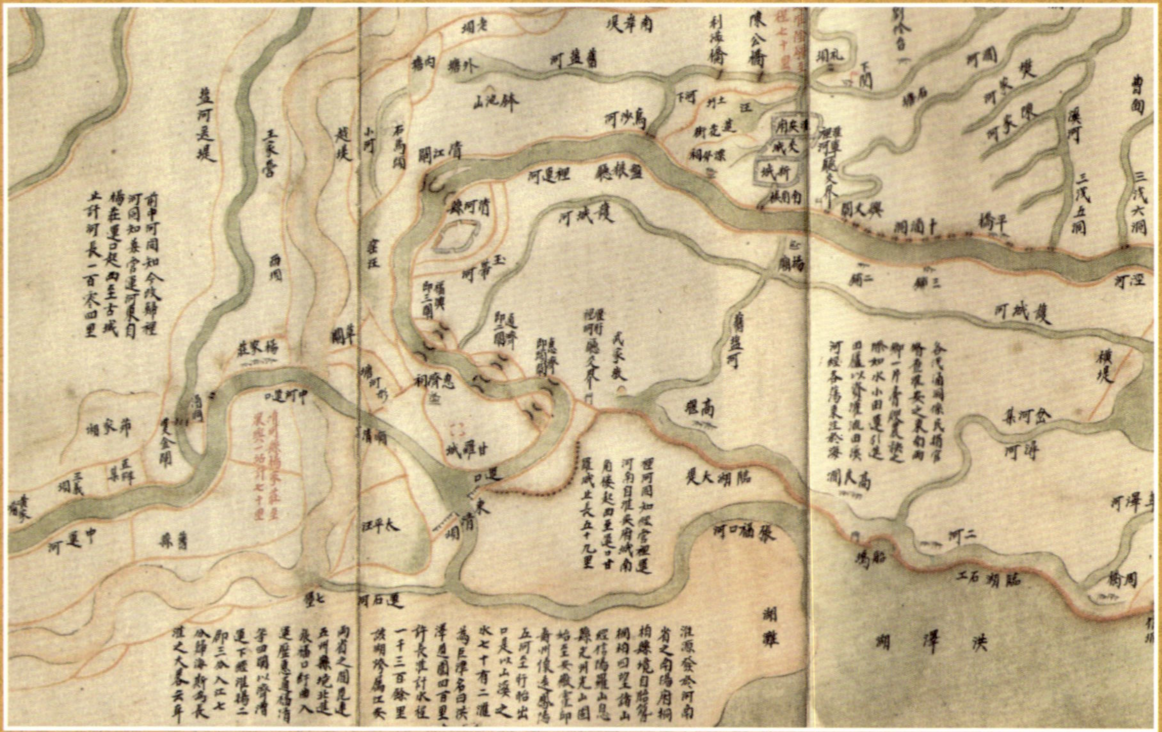

圖四十五：光緒七年前後《京杭運河全圖》河口圖（新圖三十五）

圖像來自於國家基礎地理信息中心、中國地圖出版社聯合編制《清代京杭運河全圖》，中國地圖出版社2004年版。

光緒七年前後《京杭運河全圖》河口圖說

《京杭運河全圖》現藏於國家基礎地理信息中心，紙本彩繪，經折裝，19.8cm×798cm。

該圖中標明以東為上，繪製了南起紹興府、北達京師北京的運河沿途地理景致，地圖中錢塘江、長江、黄河、濁漳等施以黄色，運河及其支渠、湖泊等用淺綠色繪畫。

黄河善淤、善徙，至咸豐五年（1855）改道山東，奪大清河河道入海，“（咸豐）五年，決蘭陽銅瓦廂，奪流由長垣、東明至張秋穿運注大清河入海，正河斷流”[①]。至此，自明嘉靖以來黄運交滙地帶的運口形勢為之一巨變。如圖四十五所示，標註“淤黄河”，而該圖其他段圖幅中在山東張秋附近標註“新黄河”。

如圖四十五所示，清口地區河渠水利巨變，黄河已淤，中河與里運河銜接順暢，洪澤湖水暢出。自道光年間試行灌塘行運，至此僅存“塘河形”，“東清壩”“順黄壩”“草閘”“西壩”等大多僅存其名而無其實。咸豐五年黄河改道後，清口一隅，滄桑巨變矣。

① 《清史稿》卷126《河渠一·黄河》，第3741頁。

徐仰庭河口灌塘渡運説

清河縣河口為漕運咽喉，自明嘉靖迄今，歲患黄遏，逮道光六年而彌甚，於是籌為灌塘渡運之法。今已數年，間嘗論之，其事實有莫之為而為者。而其機實肇於乾隆四十一、二年之浚放北岸陶莊引河，大河北徙，南岸灘生，灘生而堤可施工。其後灘漸下而堤亦漸長，迨嘉慶十年後，堤尾漸與南岸高家馬頭堤灘相近。乃築新禦黄壩以拒倒漾，詎意即為後二十年創立草閘之地。《易》曰："窮則變，變則通，通則久。"其迨今日灌塘放渡之謂歟？是策也。發前人所未發，籌運救弊之方無過於此。

原夫倒灌悮運，明末已然，而淤湖為患，年甚一年。康熙時猶止波及下河七邑，雍正以後慎守高堰，每因蓄清敵黄，五壩不以時啓，湖西桃源、泗州、盱眙、五河諸境，近湖民田多致陸沉。迨蓄極而洩，沛然下注，歸江不及，因啓高郵等壩俾之歸海，而山、鹽七邑頻告被淹。且因倒灌之淤運口也，重運有至七月而始渡竣者。當其極難之時，重船起卸一空，並及桅柁窗格，一船用夫數百名，拖拽於泥淖之中，窮竟日之力僅挽數船，官糧客貨狼藉道塗，運丁之苦累，工作之繁費，殆難意計。空運有至次年正月方過浦者，兑運期迫，益累運丁。此已往渡黄之艱難，載在奏牘簡冊者，三百年來蓋難數計。

至若防守湖堤，籌備運口，在堰盱則湖水蓄高，每逢秋令，岌岌可危。而石工掣塌補砌之費，及歲修之貲，每年不下二三十萬金。裡河拆築束清壩運口並三閘各壩及兩岸搶修掃工之費，每年亦不下十七八萬。外南拆築禦黃壩及運船經臨隨時築壩添埽，旋做旋棄，此等勞費，在順遂之年亦需二三十萬。若道光五年裡外築壩之費不下五十萬，加之高、寶啓閉閘壩、修守堤埽之費，歲亦不下二三十萬。凡此皆由蓄清濟運所致也，而民田之失收、賑蠲之金錢，猶不與焉。

今行灌放之法，尅期可竣，操縱由人，起卸惟重貨，而運丁起剝稽俟之費省；工用止兩堰，而束、禦各壩拆築之費省；湖水無須多蓄，而堰盱土石各工之費省；上下早啓滚壩，民田免淹而撫恤賑蠲之費亦省。蓄清濟運之害如彼，灌塘渡運之利如此。語云："利不什不更，害不什不變。"總今昔利害省費而計，灌塘濟運固為救急良謨，而亦淮揚兩郡化險為夷之轉機也。

論者謂："明平江伯開通運口，漕艘浮淮達黃，於今有年矣。而今欲變古人成法，以灌放為可恃。且淮之由安東以入海，自古為然，而今遏之由江甘以入江，固無論迂其途而易四瀆朝宗之徑，即清江以下淮不入黃，無以滌下游之澄沙，是又於治河成法相背，無乃不可乎?"此執一之論，未達於事理者也。

平江伯開運口以通漕，在黃河未徙清河以前，維時乃洩浦南諸湖之水以入淮，非導淮以資運。其所以為此者，乃省淮安轉盤之勞費耳。若在嘉、隆河水奪泗入淮之後，斷不出此，蓋事同而勢異也。轉漕之法惟利是務，元開會通、通惠兩河，明濬濟寧至沛縣之泗河，又開泇河。國朝開中河，易運口，屢次移建閘壩，垂五百年而南北運河規模始克大定，皆所以避黃河之險而就轉挽之利，獨此渡黃之途，遠無十里，為患滋甚。今運口猶是，渡黃猶是，惟改中間經由之途為灌塘，與平江伯之開管家湖、闢運口，迹若異而意則同。且昔年運口之外即屬黃河，今自創順黃壩以來，南灘漸遠，昔日大河經行之地，漸為平陸，平陸之東多成暗灘，清難暢出，恆致膠舟。今建草閘於暗灘之中，猶昔之改移運口也。今之灌塘猶昔之借黃濟運也，借黃而黃不為病，更以節每歲無窮之費，因時制宜，補救渡黃之策，洵無過於此者，而又何疑乎？雖後此黃水落低，清能暢出，可無藉於灌塘。然而黃常有餘，清常不足，若必強蓄湖水，博清水渡漕之名，恐非慎重萬全之策也。

至淮之入海，若無黃水奪其故道，自可如江漢之終古不易。乃濁流所至，頓見滄桑，神禹治河而不能必，數千百年後河之不東徙而南行也，賈讓論河而後世不能舍其下策而別有所措置也。河既不能使之東北以入海，淮又何不可導之以入江？時異事殊，但當遂其就下之性而利導之、防範之，利國利民兩無偏害而已，固不必泥於陳迹始謂師古也。況濟、泗、汶、洸、漳、衛、沂、沭諸水，泯其迹而易其途者，不可枚舉，而又何疑於淮？若夫導淮刷河乃乾隆以前之語，非所論於今日也。近數十年河底漸高，黃愈強而清愈弱，嘉慶初年堰盱湖水年底存止三尺，東禦兩壩一循舊制，收存金門八丈，淮猶東出，春間送重漕渡黃。大汛展寬兩壩七八十丈，湖水暢出，力猶足以敵黃，兩水並行入海，猶可冀其不淤河底。雖黃漲難免倒灌，黃落則淮仍外出，而其時大汛之湖水猶未若此時冬令底水之大也。後則上游河屢旁趨，兼復頻啓閘壩，遂致河益淤高。嘉慶十年以後，年底湖水蓄存丈餘，雖春汛猶得外出，而清黃交滙之處，清深不逾六尺，六尺之外黃深丈餘，強弱之機，於此昭然矣。以交滙之區而尚不能清黃同深，合轍東下，又安能望其助黃刷沙遠及山海乎？此又未可以後先同揆也。

寒夜偕友剪燭閒談，論及灌塘渡運，謬逞臆說如此，退而記之，以俟卓識君子衡鑑焉。

沈香城河口說

河之為病於今劇矣，非河之病而不能通漕之病。蓋昔之河患甚於今而漕通，今之河患減於前而漕滯。議者皆知黃水日高清水不能出，遂爭為蓄清敵黃之說，不知黃之高由於底淤，底淤不除，黃水不落。徒恃蓄清以敵之，此揚湯止沸，於事何裨？而況堰盱石堤，風暴可危，實有萬萬不可多蓄之勢乎！

議者又謂清水誠出，黃水當可落低。說似近理，又惜其昧乎今昔之情形也。蓋清水誠勁，然必勁於黃，始能收刷滌之益。今之清口非猶夫昔之清口，幸而黃流未漲，清水得高一二尺，謂足以入黃濟運則可，謂之滙黃且不可，況欲藉以刷黃乎？

謹案國初黃河於河口、運口逼近，每遇黃漲病運、病湖。康熙三十八年築成御壩，挑溜北趨。而又有轉水墩、東西壩層層夾激，轉水墩在運口頭壩之上，引湖溜七分敵黃，三分濟運。東西壩在風神廟前，冬則接長以蓄，夏則拆展以洩，其時湖河相連，水出壩口，奔騰滙注。披覽舊圖，黃流僅靠北岸一線，強弱之分如此，刷黃所由得力也。四十年，接築順水堤工四百八十五丈。四十二年，築御壩撐堤三百四十六丈。乾隆初年，高文定公以運清兩口直對，恐濁流易灌，遂移運口於舊口南七十餘丈，避黃納清。

自康熙三十八年以後至乾隆四十年間，凡所謂因時立制、救敝補偏者，均各有所見，實無害於全河。惟黃水有時而強，清水有時而弱，則亦倒灌頻仍，從無十年之治。此薩誠恪公所為汲汲陶莊引河也。陶莊引河始挑於康熙三十八年而旋淤，復放於乾隆七年而又澱，是以薩誠恪公於四十二年開放新河，後即於南岸積土之外，築束水堤八百九十一丈，又築攔黃大壩一百三十丈，堵截舊河並於攔黃壩迤上加築順黃壩一百三十丈，將東西兩壩移下一百六十丈，建於平成臺後。從此二瀆劃然而分，湖水出口直至彭家馬頭與黃流交滙，清口下移實為全河一大變局。始意黃流自此可無倒灌，而次年彭家馬頭即有淤澱阻漕之事。四十四年，復因清水迂緩不下，又將東西兩壩下移二百九十丈，在惠濟祠前。四十六年，因湖水較弱，於通湖引河以下、運口以外添築兜水壩為重門。自後數年，因青龍岡失事斷流，至四十九年河仍南趨倒灌。五十年，湖水過弱，清口竟為黃流所奪，淤成平陸，漕船不通，經阿文成公來江籌勘，堵閉湖口，開迴龍口專引黃水回空。其時黃水直至揚州，幸河身尚低，不至奪溜。而全黃入運實始於此。次年，清水雖出，仍嫌過弱，兜水壩加廂高厚以束清，並將東西兩壩移下三百丈於福神廟前，束禦兩壩之名由此起。

嘉慶十年改禦黃壩於高家馬頭，斜長三百六十丈，移東壩於運口之南、挑清壩之外，東西共長一百五十丈。二十二年，復於距禦黃正壩一百九十丈處，添建三壩一道，長一百三十丈四尺，每年即在二壩啓閉。

此自康熙以至嘉慶年間，清口逐漸外移之情形也，上下百餘年，時勢不同，制度互異，此時而欲於湖口、運口施工，謂宜復轉水墩，則自攔黃築壩，清黃相距數千丈，水何自而轉謂宜接長。蓋壩則自嘉慶間已屢加增制未嘗廢，且湖水盛漲之日，正禦黄堵閉之時，即挑溜開行，舍運口别無他路。若欲於順黄壩再加接築，則黄水現本北趨，並未南卧。而謂經此一挑，水可落低，必無是理。

總之，黄既奪淮，已成強賓壓主之勢，在當日湖高於河，猶有迭為賓主之日，今則反主為賓，則以河底淤高，黄水日熾，從前蓄清五六尺即可暢出，今蓄至一丈六七尺而伏汛黄漲，尚高下懸殊。從前東西壩冬收夏展，但患清之不足，今則禦壩東（冬）啟夏閉，尚患清之常高。其所以日高之故，則因數十年中決口不少，陳陳積澱已非一朝，兼之徐屬黄河，閘壩無歲不啟，以致勢分溜緩沙停，借黄濟運之害，又從而加厲。故圖治於今日，惟有落低河身、消除中鬲，則百病自愈。然所謂落低河身之法，又不可強為穿鑿也。

王耀，1982年生，山東人，北京大學歷史系歷史地理學碩士，中國社會科學院中國邊疆史地研究中心歷史學博士。目前任職于中國社會科學院民族所新疆研究室，副研究員，主要從事新疆史地、中國傳統輿圖和水利史研究，已經在《故宮博物院院刊》《中華文史論叢》《歷史檔案》等期刊上發表了二十餘篇學術論文，出版專著《水道畫卷：清代京杭大運河輿圖研究》《輿圖世界中的新疆故事》。

責任編輯：劉芳
裝幀設計：四色土圖文設計工作室 tanaga3@sina.com

《黄運河口古今圖說》圖注

扫一扫
获得更多新书信息

ISBN 978-7-5203-1977-5
9 787520 319775 >
定價：56.00 圓